Wo Sport Spaß macht

Gisela Stein

Kinder und Eltern turnen

Ein- bis zweijährige und drei- bis sechsjährige Kinder turnen gemeinsam mit ihren Eltern

Meyer & Meyer Verlag

Kinder und Eltern turnen

Bibliografische Information Der Deutschen Bibliothek
Die Deutsche Bibliothek verzeichnet diese Publikation in der Deutschen Nationalbibliografie; detaillierte bibliografische Daten sind im Internet über http://dnb.ddb.de abrufbar.

Adelaide, Auckland, Budapest, Graz, Johannesburg,
New York, Olten (CH), Oxford, Singapore, Toronto
5., überarbeitete Auflage 2006
Member of the World
Sportpublishers' Association (WSPA)
Druck und Bindung: B.O.S.S. Druck und Medien GmbH, Kleve
ISBN-10: 3-89899-200-4
ISBN-13: 978-3-89899-200-8
E-Mail: verlag@m-m-sports.com
www.dersportverlag.de

INHALT

Vorwort der Autorin 7

I **EINFÜHRUNG** 9

Zum ersten Mal dabei 9

Eltern-Kind-Turnen mit ein- bis zweijährigen Kindern 13

Eltern-Kind-Turnen mit drei- bis sechsjährigen Kindern 15

Die didaktischen Grundlagen im Eltern-Kind-Turnen 19

Schritte zur aktiven Beteiligung der Eltern und Kinder am Unterrichtsprozess 22

Die Arbeitssituation der Übungsleiterin im Eltern-Kind-Turnen 23

Kinder brauchen verständnisvolle Erwachsene 25

Pädagogische Ansprüche des Eltern-Kind-Turnens 27

II **PRAXIS** 29

Fingerspiele im Eltern-Kind-Turnen 29

Fingerspiele für ein- bis zweijährige Kinder 31

Fingerspiele für drei- bis sechsjährige Kinder 36

Spielbare Kinderlieder und Musik 40

Kinderlieder 42

Musik im Eltern-Kind-Turnen 60

Musik-Stopp-Spiele 61

Die musikalische Bewegungsgeschichte 62

Musik hilft beim Entspannen 64

Vorführungen im Eltern-Kind-Turnen 65

Wahrnehmungsförderung 66

Spiele zur akustischen Wahrnehmung 67

Spiele zur optischen Wahrnehmung 69

Spiele zur taktilen Wahrnehmung 71

Spiele zur kinästhetischen Wahrnehmung 72

Der Wahrnehmungsgarten 73

Erlebnisreise durch den Körper 76

Bewegungsspiele mit Alltagsmaterialien 78

Spiele aus der Mülltonne 80

Die Wolldecke 83

Gemüsekartons 85

Bohnensäckchen 87

Komm mit ins Land der Fantasie 91
Die Bedeutung von Fantasie für Kinder 91
Mit Fantasie zur Bewegungsgeschichte 93
Bewegungsgeschichten zum Mitspielen 95
Der kleine Hund (Ball) 95
Pauline und ihre Tiere (ohne Kleingeräte) 97
Kleine und große Putzteufel (Staubtücher) 100
Die geheimnisvolle Lagerhalle (Keksdosen) 103
Mit der Eisenbahn unterwegs (Seile) 105
Ein fantastischer Urlaub (Zeitungen) 109
Der kleine Zauberer in der Stadt ANDERS (ohne Kleingeräte) ..114

Kleine Spiele im Eltern-Kind-Turnen 117
Ein- bis zweijährige Kinder spielen mit ihren Eltern 119
Drei- bis sechsjährige Kinder spielen mit ihren Eltern 121

Spielturnen an Großgeräten 126
Großgeräte für kleine Leute – Klettern, Kullern, Rutschen, Springen ..126
Gerätekombinationen für Ein- bis Zweijährige 128
Spiellandschaften für Drei- bis Sechsjährige und ihre Eltern ..130
Gemeinsames Aufbauen 132
Methodische Wege zur Einbindung der Erwachsenen beim
Turnen an Großgeräten 133
In den Bergen 134
Im Kinderzimmer 138
Auf dem Spielplatz 142
Auf der Ritterburg 147
Im Schwimmbad 150
Auf dem Jahrmarkt 154
Im Dschungel 158

Die besondere Turnstunde 163
Mein Ball – dein Ball – unsere Bälle 164
„Mit dem Teddy geht's nach draußen" –
eine Aufgabenwanderung 165
„Plitsch – platsch – Wasserquatsch" –
feucht-fröhliche Abenteuer unter der Dusche 170
Erturn dir einen Zappelteddy – eine Schnupperstunde 172
24 geheimnisvolle Häuschen – eine Weihnachtsturnstunde ..175

Kopiervorlagen 181
Literatur 184
Bildnachweis 184

VORWORT

Liebe Leserinnen und liebe Leser,

Woche für Woche rennen, stiefeln oder stolpern sie mit ihren Eltern in die Turnhalle. Mit leuchtenden Augen betreten die kleinen und größeren Knirpse den ihnen inzwischen vertrauten großen Raum und erobern ihn, jeweils auf ihre eigene Weise. Endlich, endlich ist es wieder so weit: Für Philipp, Florian und Moritz, Lea, Julia und Nora ist wieder Toben, Klettern, Kullern und Spielen angesagt und sie genießen gemeinsam mit ihren Eltern diese Stunde in vollen Zügen!

Übungsleiterin in einer Eltern-Kind-Turngruppe zu sein, ist eine der schönsten Aufgaben, die ich mir denken kann. Hier kann man nicht nur die Bewegungsfreude der Kinder miterleben, sondern auch ihre Entwicklungsschritte beobachten, die sich sowohl auf dem motorischen als auch auf dem kognitiven und sozialen Sektor vollziehen. Hier kann man Eltern aus ihrer Isolation herausholen, Großeltern gemeinsame Erlebnisse mit ihren Enkelkindern verschaffen und dazu beitragen, dass alle etwas von ihrem Konsumverhalten ablegen, dafür aber mehr Bewegungsfreude, Fantasie und Kreativität entfalten.

Allerdings werden an die Übungsleiterinnen und Übungsleiter in den Eltern-Kind-Abteilungen sehr hohe Anforderungen gestellt, denn sie haben es mit der heterogensten Gruppe zu tun, die es in den Turn- und Sportvereinen überhaupt gibt. Eltern-Kind-Turnen ist das pädagogisch anspruchsvollste, sensibelste und komplizierteste Aktionsfeld eines Übungsleiters oder einer Übungsleiterin schlechthin! Hier treffen sich mitunter Teilnehmer aus drei Generationen beiderlei Geschlechts. Einige Erwachsene haben sich ihr Leben lang sportlich betätigt, für andere ist die Teilnahme am Eltern-Kind-Turnen der erste Kontakt mit dem organisierten Sport. Es gibt schüchterne und zurückhaltende Eltern und Kinder ebenso wie mutige und kontaktfreudige. Und alle sollen zu ihrem Recht kommen! Es ist eine fürwahr nicht leichte Aufgabe, der sich die Übungsleiter und Übungsleiterinnen hier stellen.

Das vorliegende Buch soll ein wenig dazu beitragen, dass die Leiterinnen und Leiter von Eltern-Kind-Turnstunden auf die pädagogischen und methodischen Ansprüche, die an sie gestellt werden, besser vorbereitet sind.

Es lehnt sich an die Ausbildungsrichtlinien der Deutschen Turnerjugend an, die vorgeben, dass sich die Arbeit mit Kindern und deren Eltern generell an deren Interessen und Bedürfnissen, ihren Fähigkeiten und Lebensbedingungen orientieren soll.

Seit einigen Jahren suchen Eltern immer früher nach Bewegungsangeboten für ihre Kinder. So sind folgerichtig in vielen Vereinen Eltern-Kind-Turnstunden für die Allerkleinsten eingerichtet worden, die so zutreffende Namen wie Miniklub, Pampersgruppe oder Purzelturnen tragen. Für diese Zielgruppe findet man sowohl in der Einleitung als auch in jedem Praxisbereich dieses Buches einige Beiträge, die die verminderten kognitiven, sozialen und motorischen Voraussetzungen berücksichtigen.

Zum besseren Auffinden sind diese Fingerspiele, Lieder, Bewegungsspiele, Großgeräteaufbauten usw. für die Kleinsten mit dem Piktogramm als optische Orientierungshilfe versehen.

Die Angebote für die drei- bis sechsjährigen Kinder sind hinter diesem Zeichen zu finden:

Zum Schluss noch ein Wort zur Anrede in diesem Buch: Ich habe mich dafür entschieden, auf die verwirrende Schreibweise der/die Übungsleiter/in zu verzichten und durchgehend nur die Übungsleiterinnen anzusprechen, weil sich nach meinen Erfahrungen nur wenige Männer zu dieser Arbeit hingezogen fühlen. Die Übungsleiter im Eltern-Kind-Turnen mögen sich besonders nachdrücklich angesprochen fühlen, denn ich habe gerade sie in vielen Lehrgängen als besondere Bereicherung schätzen gelernt.

Wilnsdorf, im September 1996 *Gisela Stein*

I EINFÜHRUNG

ZUM ERSTEN MAL DABEI

Moritz und Florian haben vor einigen Monaten ihren ersten Geburtstag gefeiert. Heute hat sich ihre Mami entschlossen, zum ersten Mal mit ihnen zum Eltern-Kind-Turnen zu gehen. Die kleinen Rucksäcke sind gepackt und voller Vorfreude tragen die beiden Knirpse sie schon seit einiger Zeit in der Wohnung umher. Endlich ist es so weit. Gemeinsam macht sich die kleine Familie auf den Weg. Ihre Gefühle schwanken zwischen uneingeschränkter Vorfreude und einem leichten Unbehagen, denn weder die Mami noch die beiden Kinder wissen, wer und was sie eigentlich in der nächsten Stunde erwartet. Mit gemischten Gefühlen betreten sie den Umkleideraum. Hier herrscht ein fröhliches Miteinander. Fast alle kennen sich, reden und lachen voller Erwartung und Freude auf die kommende gemeinsame Stunde. Hier würden Florian und Moritz gern so richtig dazugehören! Bald kommt auch schon die Übungsleiterin auf sie zu, stellt sich vor und begrüßt alle drei sehr herzlich.

Der erste Kontakt mit der Gruppe und die Atmosphäre, die sich den neu hinzukommenden Gruppenmitgliedern vermittelt, ist oft ausschlaggebend für die Entscheidung, sich einer solchen Abteilung anzuschließen oder nicht. Dabei kommt der Übungsleiterin eine wichtige Rolle zu. Sie ist die Vermittlerin zwischen der bestehenden Gruppe und den neu zu integrierenden Familien. Dabei sind nicht nur die ersten Worte entscheidend, sondern auch das Einfühlungsvermögen der Übungsleiterin ist wichtig. Sie muss besonders bei den Kindern darauf achten, diese nicht zu bedrängen oder zu vereinnahmen, sondern ihnen die Zeit einräumen, die sie benötigen, um Vertrauen zu finden.

Schon nach wenigen Minuten fühlt sich Florians und Moritz' Mami ermutigt, den einmal eingeschlagenen Weg, nämlich mit ihren Söhnchen zum Eltern-

Kind-Turnen zu gehen, weiter zu beschreiten. Bei den beiden Jungen sieht das noch ein wenig anders aus. Obwohl sie zu zweit sind, benötigen sie etwas mehr Zeit und trauen der ganzen Sache noch nicht so recht. Sie bleiben wohl besser erst einmal ganz dicht an Mamis Bein.

So wie unseren Zwillingen ergeht es vielen tausend Kleinkindern Woche für Woche. Schon bald nach dem ersten Geburtstag erleben einige gemeinsam mit ihren Eltern ein Bewegungs- und Spielangebot, das aus der Palette der verschiedenen Übungsstunden in den Vereinen nicht mehr wegzudenken ist. Hier in den Turnvereinen hat man längst erkannt und umgesetzt, das schon für die Kleinsten ein Angebot für eine altersgemäße freie Entfaltung nicht nur wünschenswert, sondern dringend notwendig ist. Die Eltern-Kind-Gruppen haben für die Entwicklung der Kinder eine herausragende pädagogische und entwicklungsphysiologische Bedeutung, denn Bewegung ist der Schlüssel für das Begreifen der Umwelt und eine gesunde Entwicklung der Kinder.

Oft ist der Eintritt in eine Eltern-Kind-Gruppe die erste Begegnung mit dem organisierten Sport und die erste Aktivität in einer größeren Gemeinschaft. Die frühe Teilnahme an einer Eltern-Kind-Gruppe liegt zeitlich noch weit vor dem Besuch des Kindergartens oder einer vergleichbaren Einrichtung. Hier findet der erste Schritt aus der Geborgenheit und Vertrautheit der Familie in eine unbekannte Umgebung statt; Schwellenängste und Hemmungen müssen überwunden werden. Unbefangene oder stürmische Kinder können diesen Schritt leicht gehen. Die meisten Kinder werden sich jedoch anfangs abwartend, ängstlich und schüchtern verhalten. Die große Halle, die vielen unbekannten Personen und der ungewohnte Lärm sind Gründe dafür, sich fest an Mami oder Papi zu klammern.

Die Eltern dienen gerade in der Anfangsphase als Halt und Unterschlupf, der den Kindern Geborgenheit und Sicherheit zugleich gibt. Sie sind die

engsten Bezugspersonen der Kinder, nur sie allein sind zunächst in der Lage, ihnen Mut und Trost zuzusprechen. Schrittweise muss diese enge Eltern-Kind-Beziehung von der Übungsleiterin so erweitert werden, dass sie ebenfalls das Vertrauen des Kindes erlangt (vgl. Schaubild).

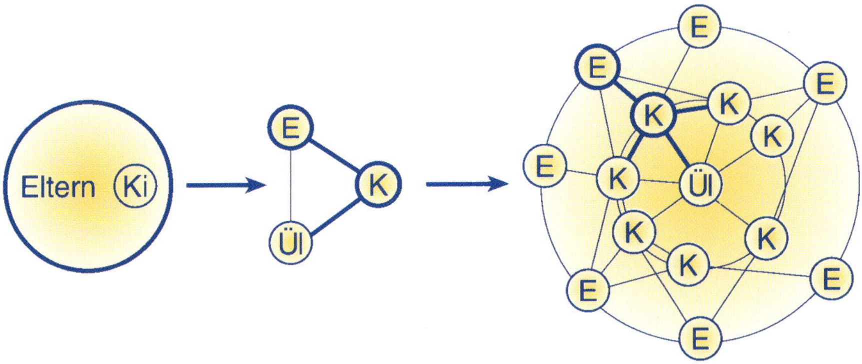

Ein behutsames Knüpfen von Kontakten und das gezielte Einbeziehen der neuen Paare in das Spielgeschehen erleichtert es den Kindern, sich in die Turngruppe zu integrieren und dabei Beziehungen auch zu anderen Eltern und Kindern aufzubauen.

Die Turnstunde beginnt: Die Übungsleiterin hat wie immer ihre Handpuppe mitgebracht, die in jeder Turnstunde eine besondere Rolle spielt. Diese Puppe, es kann ein Teddybär, ein Äffchen oder sonstiges Schmusetier sein, lenkt die Aufmerksamkeit von der Übungsleiterin ab; über sie findet die Leiterin sofort Kontakt zu den Kindern und gibt ihnen schnell ein Gefühl von Sicherheit, Geborgenheit und Vertrauen. In jeder Stunde macht die Handpuppe Vorschläge zum Ablauf und kann auch dann eingesetzt werden, wenn es um das Erzählen einer Geschichte oder das Stellen von Bewegungsaufgaben geht. Heute stimmt der Teddybär das gemeinsame Anfangslied an, zu dem sich alle Mamis, Papis und Kinder fröhlich bewegen. Hier steht keiner am Rande, alle sind in eine große Gemeinschaft eingebunden.

Im Anschluss an das Lied wird es spannend, denn heute hat die Übungsleiterin ein geheimnisvolles Säckchen mitgebracht. Alle Kinder dürfen prüfen und tasten, wie sich die Dinge anfühlen, die sich darin verbergen.

Lisa kommt bereits länger als ein Jahr zum Eltern-Kind-Turnen und kennt natürlich schon alle Materialien, die von der Übungsleiterin nach und nach eingebracht werden. Ganz laut ruft sie: „Oh, toll! Bälle! Bälle!" Und richtig, das Säckchen wird ausgeschüttet und es kullern sehr viele weiche Softbälle in der Turnhalle herum. Da sind keine Worte nötig, denn alle Kinder, und natürlich auch Florian und Moritz, laufen hinter den rollenden Bällen her. Sie schubsen oder werfen sie ihren Mamis und Papis zu, rollen sie quer durch den Raum, verfolgen sie und jagen ihnen nach, so schnell dies mit ihren kurzen Beinchen möglich ist. Dies geht eine ganze Weile so. Dem Beobachter bietet sich ein lustiges Bild: Alle Kinder und Eltern sind in Bewegung und die Aktionen werden von lautem Lachen und fröhlichem Kreischen begleitet. Nach einiger Zeit wird es etwas ruhiger. Nun unterbreitet die Übungsleiterin Spielvorschläge und bietet Ideen zum Nachmachen an, die von den Familien während der Experimentierphase entwickelt wurden.

Attraktive Materialien, wie z. B. Bälle, Schwungtuch, Reifen usw. können bei der Überwindung von Furcht und Scheu besonders hilfreich sein, weil sie die Aufmerksamkeit der Kinder auf sich ziehen und von der eigenen Person ablenken. Wenn es reizvolle Dinge gibt, mit denen man sich beschäftigen kann, treten die eigenen Ängste und Hemmungen in den Hintergrund. Man vergisst alles um sich herum und hat keine Zeit, darüber nachzudenken, ob man sich in seiner Haut wohl fühlt oder nicht.

Nach einiger Zeit, wenn alle Spielideen umgesetzt worden sind und das Interesse an den Bällen abklingt, bittet die Übungsleiterin alle Kinder, ihr beim Aufräumen zu helfen und alle Bälle wieder in dem Säckchen verschwinden zu lassen. Gemeinsam mit den Teilnehmern bespricht sie nun den weiteren Ablauf der Stunde. Eine Großgerätelandschaft soll entstehen und schon bald verwandelt sich die Turnhalle durch gemeinsames Ziehen, Schieben und Schleppen von Großgeräten in einen Spielplatz mit Rutsche, Schaukel und einer Brücke zum Balancieren. Spätestens jetzt sind Florian und Moritz nicht mehr zu halten! Das Raufklettern – Runterrutschen, Schaukeln bis in den Himmel und vorsichtiges Gehen auf der schmalen Bank wechseln in loser Folge miteinander ab. Die Mami hilft und ermutigt, wo es sein muss, frischt längst vergessene Bewegungsabläufe bei sich selbst auf und ist über alle kleinen Erfolge genauso froh wie ihre beiden kleinen Söhnchen.

ELTERN-KIND-TURNEN MIT EIN- BIS ZWEIJÄHRIGEN KINDERN

Interessante und anregungsreiche Gerätekombinationen wie Spiellandschaften, Geräteparcours, Mattenberge u. a. unterstützen das Abbauen von Ängsten und Hemmungen. Hier können Kinder ohne Zwang den Mut zum Entdecken und Ausprobieren des vielseitigen Bewegungsangebots finden. Den Eltern kommt dabei eine besondere Aufgabe zu: Beim Hüpfen, Klettern, Springen, Schaukeln, Rollen, Balancieren und Rutschen sollen sie einerseits Partner und Spielgefährte ihres Kindes sein, andererseits die Kinder ermutigen, ihnen Trost zusprechen, ihre Ängste abbauen und ihnen Erfolgserlebnisse verschaffen, indem sie Unterstützung und Überwindungshilfen geben.

Für diese Aufgaben muss die Übungsleiterin den Eltern praktische Hilfen anbieten, denn **im ängstlichen Verhalten der Kinder spiegelt sich nicht selten die Unsicherheit und Ängstlichkeit der Eltern wider.**

Die Kinder gewinnen durch kleine Erfolge bei ihren Handlungen und beim Spielen Zutrauen zu sich selbst, zu ihrem eigenen Können. Dies klappt gerade im Alter von einem bis drei Jahren kaum ohne die helfende Hand der Erwachsenen. Hilfen bei der Erweiterung ihres Bewegungsvermögens sollten den Kindern insbesondere dort angeboten werden, wo sie selbst gern etwas ausprobieren möchten, sich dies aber noch nicht zutrauen. Ohne jeden Zwang sollen die Kinder am Spielturnen teilnehmen können; hier müssen sie keine vorgeschriebenen Bewegungen und Spiele durchführen, denn besonders in dieser Entwicklungsphase bestehen noch ungünstige körperliche Voraussetzungen für das Erlernen normierter Bewegungen. Die Kinder haben einen untaillierten Rumpf mit einer Betonung des Bauchs, einen im Verhältnis zum gesamten Körper großen Kopf und relativ kurze Arme und Beine. Erschwerend kommt hinzu, dass sie die Bewegung ihrer Arme und Beine noch nicht schnell genug steuern können.

Die Kinder benötigen Zeit und Konzentration zum Erkunden und Bewältigen schwieriger Bewegungsabläufe (z. B. Balancieren) und danach wieder bewegungsintensive Entlastungen. Die Phasen dieses Wechselspiels sind, je nach Entwicklung, Verfassung und Temperament der einzelnen Kinder, unterschiedlich lang.

Die Übungsleiterin kann auf diese individuellen Bedürfnisse der Kinder bei ihrer Stundenvorbereitung entsprechend reagieren, indem sie ihr Angebot und den Einsatz der Spielgeräte vielfältig und abwechslungsreich plant und es offen hält für die Ideen und Anregungen der Teilnehmer. Dadurch ergibt sich die Möglichkeit, dass Kinder und Eltern, je nach Interesse und Schwierigkeitsgrad, wählen können.

In den bisherigen Ausführungen sollte deutlich werden, welche pädagogischen Aufgaben die Übungsleiterin für die jüngeren Kinder in den Eltern-Kind-Gruppen wahrnehmen muss.

Mit ihrem Bewegungs- bzw. Erlebnisangebot kann die Übungsleiterin

- **Möglichkeiten zum gemeinsamen Spiel von Eltern und Kindern schaffen.**
- **sich um die Erweiterung der sozialen Beziehungen der Kinder bemühen.**
- **die Möglichkeit zur behutsamen Integration der Kinder in die Gesamtgruppe anlegen und fördern.**
- **den Kindern Möglichkeiten zur Verbesserung ihrer Bewegungssicherheit verschaffen und ihnen Zutrauen zur eigenen Bewegungsfähigkeit geben.**

Für die Übungsleiterin im Eltern-Kind-Turnen wird die Erfüllung dieser vorangegangenen Forderungen besonders schwer, wenn man bedenkt, dass die Kinder sehr unterschiedliche Wege in ihrer Entwicklung gehen. Nur in Ausnahmefällen gibt es mehrere Kinder, die sich auf der gleichen Entwicklungsstufe befinden. In den Eltern-Kind-Gruppen tummeln sich nämlich sowohl neue, ganz junge Mitglieder als auch Kinder, die bereits einige Erfahrung und vielfältige Lernergebnisse im Eltern-Kind-Turnen vorweisen können. Für alle sollte sie eine individuelle Förderung anstreben.

Diesem kindzentrierten Vorgehen, dem Orientieren an den Bedürfnissen der Kinder, stehen oft die mehr oder weniger versteckten Leistungserwartungen der Eltern im Wege. Sie vergleichen die „Leistungsfähigkeit" ihres Kindes nur zu oft mit dem „Können" Gleichaltriger. Ihre Ungeduld hindert die Kinder daran, ihre eigenen Bewegungserfahrungen zu machen. Wer kennt sie nicht, die Erwachsenen, die ihre Kinder voreilig überall hinaufheben und hinübertragen? Oder diejenigen, die ihre Kinder überbehüten,

kein Vertrauen in ihre Fähigkeiten setzen, nicht loslassen können und mit dem immer wiederkehrenden Satz: „Das kannst du noch nicht!", die Förderung von Selbstbewusstsein und Selbstwertgefühl immer wieder unterdrücken?

Gerade die Kleinsten lassen sich von einer positiven Bewegungsaktivität der Eltern begeistern und mitreißen. Aus diesem Grund kommt einer gelösten und vertrauensvollen Gruppenatmosphäre eine zentrale Bedeutung zu (nur, wo ich mich wohl fühle, bewege ich mich locker). Dazu gehören neben Ehrlichkeit und Freundlichkeit auch eine überschaubare Gruppengröße, die es der Übungsleiterin ermöglicht, mit allen Gruppenmitgliedern (nicht nur mit den Kindern) Kontakt aufzunehmen und sich für die individuellen Bedürfnisse und Probleme zu interessieren.

ELTERN-KIND-TURNEN MIT DREI- BIS SECHSJÄHRIGEN KINDERN

Verlassen wir vorerst diese Eltern-Kind-Gruppe, in der sich die kleinsten Turnkinder mit ihren Mamis und Papis tummeln und wenden wir uns den Kindern zu, die zwischen drei und sechs Jahren alt sind: So weit es die Hallenkapazitäten zulassen, wird das Eltern-Kind-Turnen für die größeren Kinder (jüngere Geschwister sind selbstverständlich willkommen) in einer zweiten Gruppe angeboten, denn sowohl die kognitiven als auch die sozialen und körperlichen Voraussetzungen lassen eine Trennung von den Allerkleinsten als sinnvoll erscheinen.

Im Alter von etwa drei bis vier Jahren sind zumeist die körperlichen Voraussetzungen und die Bewegungssicherheit der Kinder so weit entwickelt, dass sie sich zunehmend von der direkten Hilfsbedürftigkeit befreien können. Beim Auftreten in der Gruppe geben ihnen ihre lockeren und harmonischen Bewegungen Sicherheit und Selbstvertrauen. Ihr Sprachverständnis ist so weit ausgebildet, dass sie die Erwachsenen nicht mehr als „Familiendolmetscher" benötigen, sondern den Ausführungen der Übungsleiterin eigenständig folgen können. In diesem Alter versucht die Übungsleiterin, die Kinder aus den elternorientierten Beziehungen behutsam herauszulösen und langfristig für das selbstständige, abgelöste Teilnehmen in Turngruppen vorzubereiten. Es kommt nun darauf an, dass die Kinder lernen, auch mit anderen Kindern zusammen zu spielen. Spiele mit wechselnden Partnern, Spiele ohne Eltern, gegenseitiges Helfen, Rollen- und Darstellungsspiele können hierfür Hilfen geben.

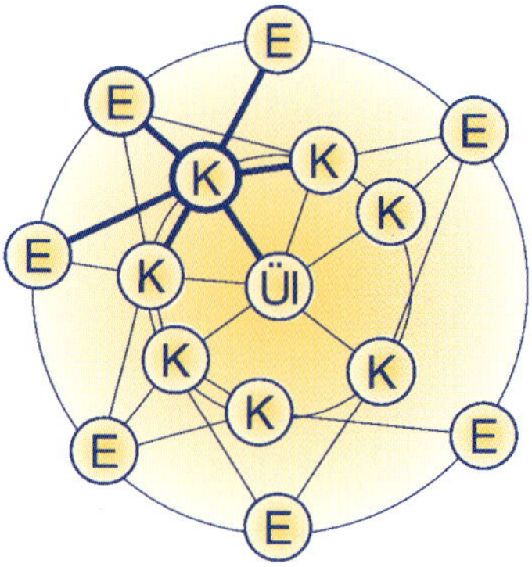

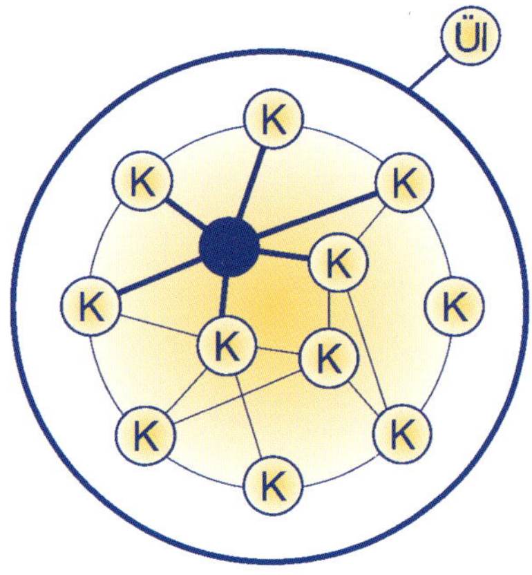

Kinder dieser Altersgruppe besitzen ein besonders stark ausgeprägtes Bewegungsbedürfnis, es sei denn, dass es durch Umwelteinflüsse oder körperliche Beeinträchtigungen unterdrückt worden ist. Sie sind von Natur aus bewegungshungrig. Häufige Erfolgserlebnisse und aufmunternde, positive Verstärkung, z. B. durch Lob oder Ermunterung, ermutigen sie zu neuen Anstrengungen, zum Nachmachen und Ausprobieren weiterer Handlungen. In der Bewegung machen Kinder Erfahrungen über sich und ihre Fähigkeiten; sie lernen, sich selbst einzuschätzen und entwickeln somit Selbstwertgefühl und Selbstvertrauen.

Frau Schneider und ihre Tochter Lea gehören schon länger als ein Jahr zu dieser Gruppe. Es gab einige gute Gründe, die Familie Schneider dazu bewogen, sich für den Besuch einer Eltern-Kind-Gruppe zu entscheiden:

- *Frau Schneider möchte bei ihrer Tochter Bewegungsdefiziten vorbeugen, denn sie leben in ziemlich beengten Wohnverhältnissen.*
- *Sie weiß um die Bedeutung von Bewegung für die gesunde Entwicklung ihrer Tochter.*
- *Sie möchte gemeinsam mit ihrem Kind Bewegung erleben und Spaß dabei haben.*
- *Sie möchte sich einige Anregungen für das Spielen zu Hause mitnehmen.*
- *Sie möchte für ihr Kind möglichst viele Kontakte zu anderen Kindern knüpfen.*
- *Für sich selbst sucht Frau Schneider Kontakte zu Gleichgesinnten, um aus ihren vier Wänden und der damit einhergehenden Isolierung herauszukommen.*

Eigentlich hat Frau Schneider alles gefunden, was sie sich vom Besuch einer Eltern-Kind-Turnstunde erhofft hat. Und Lea braucht man gar nicht danach zu fragen, ob es ihr beim Turnen gefällt, schon zwei oder drei Tage nach der letzten Turnstunde fragt sie immer wieder ihre Mami: „Wie oft muss ich noch schlafen, bis wir wieder in die Turnhalle gehen?"

Die Übungsleiterin berücksichtigt den enormen Bewegungsdrang der Kinder. Sie gestaltet ihre Turnstunden so, dass die Kleinen vielfältige motorische Grundfertigkeiten wie Hüpfen, Krabbeln, Beugen, Strecken, Werfen, Fangen, Klettern, Steigen, Rutschen, Springen, Schwingen, Schaukeln und Balancieren erlernen können. Für jedes einzelne Kind arrangiert sie vielfältige, intensive Bewegungsmöglichkeiten über die gesamte Zeit der Übungsstunde, sodass niemand anstehen, nachrücken, warten oder zusehen muss. Insbesondere durch Spiele mit freien Bewegungsaufgaben, deren Lösungswege und Ergebnisse durch die Kinder gemeinsam mit Mami oder Papi individuell gefunden werden können, sowie durch vielfältige Gerätekombinationen und abwechslungsreichen Materialeinsatz können die Eltern und die Übungsleiterin die Bewegungsfreude der Kinder erhalten und ihr Selbstwertgefühl steigern.

Die zweite wichtige Aufgabe der Übungsleiterin, speziell für die Altersgruppe der Drei- bis Sechsjährigen, besteht in der Entwicklung des Gemeinschaftssinns, des „Wirgefühls" der Kinder. Die Jüngsten haben oft ein nur wenig entwickeltes Sozialgefühl. Ihre Handlungen sind häufig noch auf sich allein oder nur auf ihre Familienmitglieder bezogen, sodass man nicht selten von einem Einzeldasein in der Gruppe sprechen kann. Die Gruppenbeziehungen sind noch flüchtig und kurzlebig. In der Gemeinschaft mit anderen Kindern kann die soziale Entwicklung freilich so gefördert werden, dass die Kinder z. B.

- sich abgestimmt auf andere Kinder am Spiel beteiligen (vom alleinigen Spiel mit dem Ball zum gemeinsamen Ballspiel).
- die Interessen der mitspielenden Kinder und Eltern beachten und auch einmal die eigenen Interessen unterordnen (Auswahl von Spielen, Gestaltung des Geräteaufbaus, Ermöglichen gleicher Spielanteile usw.).
- aufeinander achten und Rücksicht nehmen, indem sie sich gegenseitig helfen und unterstützen.
- Hilfen auch von anderen Erwachsenen zulassen und nicht nur die eigene Mutter, den eigenen Vater als Helfer akzeptieren.

Für diese Entwicklung brauchen die Kinder nicht nur die Gemeinschaft der anderen Kinder, sondern auch Eltern und Übungsleiterinnen, die ihnen Möglichkeiten für den sozialen Lernprozess geben oder diese sogar gezielt arrangieren. Partnerübungen, Gruppenaufgaben, gemeinsame Fantasie- und Darstellungsspiele, Kooperationsspiele, gegenseitiges Helfen, Gespräche über Spielideen oder das Verhalten in der Gruppe geben der Übungsleiterin und auch den Eltern ständig Gelegenheit, in diesem Sinne zu wirken.

Der Weg vom Nebeneinander über das Miteinander zum Füreinander in der Kindergruppe verläuft nicht zufällig, sondern ist von der Übungsleiterin und allen an der Erziehung der Kinder beteiligten Personen in mühevollen, kleinen Schritten bewusst anzulegen.

Fragt man Frau Schneider danach, warum sie sich in dieser Gruppe so wohl fühlt, so braucht sie nicht lange zu überlegen. Es ist die Ungezwungenheit, Offenheit und Ehrlichkeit, die ihr am meisten auffällt. Hier wird niemand zu irgendetwas gezwungen, jedes Kind kann sich nach seinen eigenen Wünschen und Bedürfnissen in der Halle bewegen. Es wird nie langweilig oder stressig und trotz allem ist eine gewisse Ordnung und Übersichtlichkeit zu erkennen.

Diese vorwiegend pädagogischen Aufgaben bedingen einen offenen Übungsbetrieb, in dem die Übungsleiterin sehr differenziert vorgehen und in persönlicher Zuwendung, in Einzel- und Gruppenbetreuung auf die individuellen Bedürfnisse und Gegebenheiten der Eltern und Kinder eingehen kann. Unterschiedliche Bewegungs-, Sozial- und Lernerfahrungen der Familien werden durch das geschickt gewählte Angebot weit gehend ausgeglichen. Eine herausragende Bedeutung für die Beziehungen zwischen der Übungsleiterin und den Eltern und Kindern kommt den Unterrichtsmethoden zu, wobei Vermittlungsmethoden, die eigene Entscheidungen und die Mitwirkung am Stundenverlauf zulassen, in jedem Fall der Vorzug gegeben werden sollte. Dies schließt aber nicht aus, dass die Vermittlung auch einmal durch Unterweisen, Lenken und Beraten vollzogen werden kann, wenn die Situation oder das beabsichtigte Lernziel es erfordern.

DIE DIDAKTISCHEN GRUNDLAGEN IM ELTERN-KIND-TURNEN

Ein anzustrebender offener Übungsbetrieb wird an den nachfolgenden, von der Forschungsgruppe Lorenz, Opaschowski & Pötzsch entwickelten Handlungsprinzipien ausgerichtet.

1. Didaktisches Handlungsprinzip: Offenheit

Offenheit bedeutet, die Eltern und Kinder zur Mitgestaltung, Weiterentwicklung und Veränderung ihrer Turnstunde anzuregen. Für die Übungsleiterin setzt dies eine flexible Planung bzw. nur bedingte Vorausplanung des Angebots und des methodischen Vorgehens voraus. Ihr Angebot muss für neue Anregungen und Wünsche aus dem Kreis der Beteiligten aufgeschlossen und grundsätzlich für neue Teilnehmer zugänglich sein.

2. Didaktisches Handlungsprinzip: Aufforderungscharakter

Eine **anregungsreiche Umwelt**, z. B. durch Geräteaufbau und Spiellandschaften innerhalb und außerhalb der Turnhalle, **motivierende Medien** wie Kleingeräte und interessante Alltagsmaterialien und **aktivierende Impulse** durch die Übungsleiterin durch Gestik, Mimik und Sprache schaffen eine Erlebnissituation im Eltern-Kind-Turnen. Der Aufforderungscharakter der Geräte und Materialien spricht für sich und regt zu Spontaneität, Eigenaktivität und Eigeninitiative an.

3. Didaktisches Handlungsprinzip: Freiwilligkeit

Das Elementare dieses Handlungsprinzips ist die Möglichkeit, aus **eigenem Antrieb** heraus seinen Neigungen und Interessen nachgehen zu können. Es schließt ein hohes Maß an individueller Bewegungsfreiheit ein. Es bedeutet, selbst über seine Tätigkeiten und über seine Beteiligung zu bestimmen, über Dauer, Tempo, Intensität und Unterbrechungen frei verfügen zu können. Dabei muss auch das Aussteigen aus einem Spielgeschehen ohne Diskriminierung möglich sein. Die Übungsleiterin ermöglicht das Prinzip „Freiwilligkeit", indem sie den Eltern und Kindern die Gelegenheit gibt, aus freien Stücken ihren Interessen und Bedürfnissen nachzugehen.

Dabei ist allerdings zu berücksichtigen, dass sich viele Teilnehmer ihrer Bedürfnisse erst bewusst werden müssen, ehe sie sich freiwillig und frei entfalten können. Hier spielen vor allem schichtspezifische Unterschiede

eine wichtige Rolle. Wenn Freiwilligkeit in Elternhaus, Schule, Ausbildung und Beruf nicht eingeübt und im Alltag erlebt, erfahren und erlernt werden konnte, kann ihre Realisierung nicht einfach vorausgesetzt werden und muss Schritt für Schritt erprobt und entwickelt werden.

4. *Didaktisches Handlungsprinzip: Zwanglosigkeit*

Wer sich **ungezwungen** fühlen und geben kann, fühlt sich wie zu Hause. Im Eltern-Kind-Turnen sollte daher eine Atmosphäre entstehen, die frei bleibt von Reglementierung, Erfolgszwang und Konkurrenzkampf. Starre Bewegungsformen, überzogene Leistungserwartungen, unflexible Regelwerke und einengende Vorschriften entfallen. Sie werden ersetzt durch freiwillige Leistungsbereitschaft, persönlich geprägte Bewegungserlebnisse und veränderbare Regelvereinbarungen. Indem die Übungsleiterin ihre zentrale, direktive Stellung aufgibt, sichert sie den Eltern und Kindern eine innere Freiheit in der Turnstunde und gibt ihnen damit die Möglichkeit, sich zu öffnen und neue Erfahrungen zu machen.

5. *Didaktisches Handlungsprinzip: Wahlmöglichkeit*

Wahlmöglichkeit heißt, zwischen mehreren Alternativen auswählen und auch abwählen zu können. Damit entwickelt sich die Fähigkeit, nach eigenen Kriterien seine Wahl zu treffen. Die Freiheit, Alternativen prüfen zu können, setzt voraus, dass die Eltern und Kinder mindestens aus zwei ungefähr gleichwertigen Angeboten wählen können.

Wahlmöglichkeit schließt Aussondern ein und damit auch die Möglichkeit, sich nicht nur für, sondern auch gegen ein Angebot zu entscheiden. Dies bedeutet, dass die Entscheidung, gemeinsam mit anderen tätig zu sein, sich selbst zu beschäftigen, zuzuschauen oder auch gar nichts zu tun, legitim ist. Durch das Einräumen von Wahlmöglichkeiten werden die Teilnehmer zur bewussten, aktiven Beteiligung angeregt. Das passive Befolgen von Anweisungen und Vorgaben wird damit weit gehend ausgeschlossen.

Wahlmöglichkeit ist für Eltern und Kinder bereits dann gegeben, wenn sie nicht auf spezialisierte Aktivitäten festgelegt werden, sondern aus ihrer Fantasie heraus Lösungen von offenen Aufgaben, von Spielsituationen oder von Bewegungsgeschichten entwickeln, eine Lösung auswählen und diese realisieren.

6. Didaktisches Handlungsprinzip: Entscheidungsmöglichkeit

Das grundlegende Kriterium dieses Handlungsprinzips ist die **Freiheit** der Eltern und Kinder, selbstbestimmt und selbstverantwortet aus eigenem Entschluss heraus handeln zu können. Damit ist das Ziel verbunden, aus eigenem Antrieb und nach eigenem Ermessen, Entscheidungen nachgehen zu können. Insbesondere im Umgang mit kleinen Kindern ist dabei zu berücksichtigen, dass ihre Entscheidungsfähigkeit noch ausgebildet und erweitert werden muss. Der Entscheidungsspielraum darf nicht so groß sein, dass sie davon erdrückt werden, nur spontan reagieren oder keine Entscheidung treffen können.

Je nach der Zusammensetzung der Eltern-Kind-Gruppe kann darauf mit Frustration und Passivität reagiert werden, weil die Kinder noch nicht in der Lage sind, im Übungsbetrieb selbstständige Entscheidungen zu treffen. Schritt für Schritt sollte die Gruppe dazu von der Übungsleiterin befähigt werden, indem sie die Entscheidungsspielräume für die Eltern und Kinder nach und nach erweitert und von relativ einfachen Entscheidungssituationen zu komplexen Entscheidungsräumen für die Teilnehmer kommt.

7. Didaktisches Handlungsprinzip: Initiativmöglichkeit

Eltern und Kinder müssen **Eigenaktivitäten** entwickeln können, um den eigenen Interessen nachgehen und sich den eigenen Bedürfnissen, Neigungen und Fantasien entsprechend verhalten zu können. Es muss die Gelegenheit geschaffen werden, sich selbst zu erproben, selbst die Initiative ergreifen zu können, damit das Vertrauen der Eltern und Kinder in ihre eigenen Fähigkeiten wächst.

Eigeninitiative ist die Voraussetzung für die persönliche Entfaltung, für das Zutrauen zum eigenen „Ich" und somit die Grundlage für die Steigerung des Selbstwertgefühls. Die größte Barriere für die Entwicklung von Eigeninitiative ist die Inaktivität der Teilnehmer selbst, indem sie von der Übungsleiterin eine aktive Rolle erwarten, weil sie es nicht anders kennen. Viele sind es gewohnt, nur das zu tun, was ihnen gesagt wird. Sie konsumieren nur das, was ihnen geboten wird. Die Übungsleiterin kann diesem Verhalten entgegenwirken, indem sie gemeinsames Erleben, Erproben und Erfahren ermöglicht, Aufgaben auf Teilnehmer überträgt, Konkurrenz durch Kooperation ersetzt und die Voraussetzungen dafür schafft, dass sich gerade auch die Eltern mit ihrer Passivität, Apathie, Langeweile, Konsumhaltung und ihren Konflikten auseinander setzen.

SCHRITTE ZUR AKTIVEN BETEILIGUNG DER ELTERN UND KINDER AM UNTERRICHTSPROZESS

Ob die didaktischen Handlungsprinzipien von den Eltern und Kindern angenommen werden, wird sichtbar beim Mitbestimmen und Mitgestalten und durch eine aktive Beteiligung der Eltern und Kinder am Geschehen in der Turnstunde. Nicht immer klappt dies auf Anhieb, oft fühlen sich die Erwachsenen und die Kinder überfordert, sie sind noch nicht in der Lage, Eigeninitiative zu entwickeln. Es liegt am Geschick der Übungsleiterin, ob es ihr gelingt, die Teilnehmer Schritt für Schritt in die Entscheidungsprozesse inhaltlicher und organisatorischer Art (Wie machen wir das? Welches Spiel spielen wir? Wie bauen wir das auf?) einzubeziehen.

Dies ist eine langwierige und anstrengende Arbeit, bei der die Übungsleiterin auch mit Ablehnungen, Zurückweisungen und Enttäuschungen rechnen muss. Sie muss das Formulieren von Bedürfnissen, Anliegen und Interessen aus den Teilnehmern herauslocken und die gestaltende Mitwirkung der Eltern und Kinder durch das Freisetzen von Fantasien, z. B. in Rollenspielen und Bewegungsgeschichten, anlegen. Schließlich wird dieses Vorgehen die Übernahme von Teilaufgaben und Teilverantwortung durch die Eltern und Kinder ermöglichen. Vom bloßen Mitspielen und Mitmachen erfolgt diese Entwicklung in ineinander übergehenden Teilschritten bis hin zur teilweisen Selbstorganisation.

Das fortwährende Einbeziehen von Beiträgen der Eltern und Kinder sowie das kontinuierliche Übertragen von Aufgaben und Teilverantwortungen auf die Gruppenmitglieder sind Voraussetzung für eine schrittweise Annäherung an das Richtziel: die Förderung von Selbstständigkeit bei Eltern und Kindern. Selbstständige und selbstbewusste Teilnehmer benötigen Raum zur Entfaltung, beanspruchen die Chance zur eigenen Entscheidung und zur Eigeninitiative; die Übungsleiterin sollte bewusst diese Gelegenheiten zu jeder Zeit und auf allen Ebenen arrangieren.

	Funktionen der Übungsleiterin		Beteiligungsschritte der Teilnehmer
Entwicklungsverlauf	Anregungen geben	→	zum Mitspielen
	Fördern	→	von Mitentscheidungsprozessen
	Unterstützung gewähren	→	für das Mitgestalten
	Hilfe leisten	→	beim Mitverantworten
	Ermutigen	→	zum Selbstmachen
	Chance einräumen	→	zum Selbstentscheiden
	Möglichkeit geben	→	zum Selbstgestalten
	Gelegenheit arrangieren	→	zum Selbstverantworten
	Vertrauen bieten	→	zum Selbstorganisieren

DIE ARBEITSSITUATION DER ÜBUNGSLEITERIN IM ELTERN-KIND-TURNEN

Die Arbeitssituation im Eltern-Kind-Turnen unterscheidet sich erheblich von der bekannten Unterrichts- und Lehrtätigkeit in Vereinen und Schulen. Die Übungsleiterin kann und darf sich nicht auf den privilegierten Status der Leiterin oder Lehrerin zurückziehen, sondern sie sollte Verantwortliche, Beteiligte sowie Beraterin, Anregende und Fördernde für Eltern und Kinder zugleich sein. Sie hat mit der heterogensten Gruppe zu tun, die in den Vereinen überhaupt vorhanden ist.

Die Übungsleiterin des Eltern-Kind-Turnens muss zur gleichen Zeit die sachkompetente Initiatorin von vielfältigen Angeboten sein:

- für junge und alte, für große und kleine Menschen beiderlei Geschlechts,
- für Bewegungserfahrene und Bewegungsungewohnte,
- für Geübte und Ungeübte,
- für Bewegungsbegabte und Bewegungsunbegabte,
- für schüchterne und draufgängerische Kinder,
- für zurückhaltende und kontaktfreudige Erwachsene,
- für unsichere und selbstbewusste Eltern,
- für friedliebende und aggressive Menschen und
- für einsame, entmutigte und kommunikative, lebensfreudige Teilnehmer.

Das Eltern-Kind-Turnen ist das pädagogisch anspruchsvollste, sensibelste und komplizierteste Aktionsfeld einer Übungsleiterin im Verein.

Die Ansprüche an sie sind extrem hoch und die Gefahr, dabei zu scheitern, ist groß. In ihrem Bemühen, die Eltern und Kinder persönlich zu erreichen, muss sie viel Einfühlungsvermögen aufbringen. Sie wirkt nicht nur über Medien, Geräte, Lieder und Geschichten, sondern insbesondere durch sich selbst.

Die Übungsleiterin muss

- fachlich eine Mischung aus Gruppenpädagogin, Sozialarbeiterin und Fachfrau für differenzierte Bewegungsangebote sein.
- methodisch eine Mischung aus Ansprechpartnerin, Motivationshelferin und Interessenberaterin.

Die Realisierung des pädagogisch und fachlich besonders anspruchsvollen Eltern-Kind-Turnens hängt entscheidend von der Qualifikation derjenigen ab, die das Eltern-Kind-Turnen arrangieren und durchführen, von den Übungsleiterinnen!

Die Übungsleiterin im Eltern-Kind-Turnen muss bereit und fähig sein,

- auf Eltern und Kinder, auf alte und junge Menschen zuzugehen, sie anzusprechen, ihre Kontakt- und Hemmschwellen abzubauen und soziale Beziehungen zu ermöglichen.
- die Eltern und Kinder zu ermutigen, selbst aktiv und fantasievoll tätig zu werden, ihre eigenen Ausdrucksfähigkeiten zu entwickeln und Begeisterung dafür zu wecken.
- eigene Fähigkeiten der Eltern und Kinder, die im gestalterischen, darstellerischen, organisatorischen und bewegungsbezogenen Bereich latent vorhanden sind, zu entwickeln und zur Entfaltung zu bringen.
- flexibel auf die jeweiligen äußeren und inneren Umstände zu reagieren, zu improvisieren und nicht perfektionieren zu wollen.
- soziale und emotionale Gruppenerlebnisse zu fördern, das Zusammengehörigkeitsgefühl in der Familie und in der Gruppe zu stärken und Geborgenheit und Sicherheit zu vermitteln.

- die Voraussetzungen der Familien zu verstehen und ihnen die gesellschaftliche, umweltbezogene Anonymität zu nehmen, Schwellenängste abzubauen und die selbstbewusste Vertretung eigener Interessen und die Teilnahme am sozialen Leben zu erleichtern.
- offene und zwanglose Erfahrungssituationen zu arrangieren, die den Eltern und Kindern beim Entwickeln eigener Neigungen und Interessen behilflich sind.
- Voraussetzungen und Hilfen für die Erweiterung ihrer Bewegungsmöglichkeiten zu schaffen.

KINDER BRAUCHEN VERSTÄNDNISVOLLE ERWACHSENE

Damit sich ein Kind von einem mehr oder weniger selbstständigen Wesen zu einem freien, offenen Menschen entwickeln kann, muss es geeignete Hilfen und Anreize aus seiner sozialen Umgebung bekommen. Diese sollten darauf ausgerichtet sein, die natürlichen Grundbedürfnisse, die ein Kind hat, zu befriedigen und so zu stärken, dass es sie in angemessener Form erleben und äußern kann.

Für eine gesunde Persönlichkeitsentwicklung brauchen die Kinder Erwachsene, die

- auf ihre Bewegungsbedürfnisse eingehen und ihnen Bewegungsgelegenheiten schaffen.
- sie vor körperlichen Gefahren und seelischen Verletzungen schützen.
- ihnen uneingeschränktes Verständnis entgegenbringen.
- sie um ihrer selbst willen annehmen und lieben.
- die Fähigkeiten und Fertigkeiten des einzelnen Kindes berücksichtigen.
- ihnen helfen, ihre Eigenschaften, Fertigkeiten und Gefühle für sich selbst akzeptieren zu lernen (Schmidtchen, 1989).

Zumindest einige, wenn nicht sogar alle Aspekte treffen auf die Übungsleiterinnen im Bereich des Eltern-Kind-Turnens zu.

Kinder brauchen Möglichkeiten, um ihr Bewegungsbedürfnis ausleben zu können, eine anregende Umgebung, in der sie selbst Bewegungen ausprobieren und Spiele erfinden können, aber auch Gelegenheiten, um sich zurückziehen zu können. Erfolgserlebnisse tragen dazu bei, dass Kinder

sich mit mehr Freude und dadurch häufiger bewegen, folglich mehr Bewegungssicherheit entwickeln und daraus Selbstsicherheit und Selbstbewusstsein schöpfen können.

Umgekehrt führen Bewegungsunsicherheit und das damit einhergehende eingeschränkte Selbstwertgefühl zur sozialen Ausgrenzung der Kinder unter den Spielkameraden. Wer nicht richtig mitspielen kann, zu ungeschickt oder zu langsam ist, der wird häufig vom gemeinsamen Spielgeschehen ausgeschlossen und kann zwangsläufig seine Defizite nicht aufarbeiten. Dadurch wird der Graben zwischen bewegungssicheren und -unsicheren Kindern immer breiter und das ungeschickte Kind durch mangelnde Übungsmöglichkeiten noch ungeschickter.

Dem Bedürfnis der Kinder nach Schutz und Sicherheit sollte nicht nur durch die Absicherung der Geräte und dem Vorbeugen gegen Verletzungen, sondern auch durch Rückzugsmöglichkeiten (Höhlen) und einem festen, immer wiederkehrenden Rahmen (Anfangskreis, Abschlusslied) Rechnung getragen werden. Ein Orientierungsrahmen im Ablauf einer Turnstunde hilft ihnen, sich sowohl räumlich als auch zeitlich in der Turnhalle zurechtzufinden.

Auch eine angenehme Gruppenatmosphäre, die von gegenseitigem Vertrauen, Toleranz und Ehrlichkeit geprägt ist, trägt dazu bei, dass Kinder sich sicher fühlen und Selbstvertrauen entwickeln können.

Vielfältige Bewegungsmöglichkeiten und -gelegenheiten sind also entscheidend, damit Kinder ihr Bewegungsbedürfnis befriedigen können und so eine gesunde körperliche, geistige, emotionale und soziale Entwicklung ermöglicht wird.

PÄDAGOGISCHE ANSPRÜCHE DES ELTERN-KIND-TURNENS

Die pädagogischen Ansprüche an die Übungsleiterinnen im Eltern-Kind-Turnen werden in den nachfolgenden Thesen noch einmal deutlich umschrieben:

Pädagogische Ansprüche des Eltern-Kind-Turnens

A	Eltern-Kind-Turnen soll die aktive Beteiligung der Eltern und Kinder herausfordern und ***Hemmschwellen abbauen*** und überwinden helfen.
B	Eltern-Kind-Turnen soll Spiel- und Übungsformen anbieten, die Eltern und Kinder ***gemeinsam*** durchführen können.
C	Eltern-Kind-Turnen soll sich an den ***Bedürfnissen und Interessen*** der Eltern und Kinder orientieren und ihre Selbstständigkeit fördern.
D	Eltern-Kind-Turnen soll eine ***intensive Beziehung*** zwischen Eltern und Kindern ermöglichen (miteinander/füreinander).
E	Eltern-Kind-Turnen soll die starke Bindung der Kinder an ihre Eltern ***behutsam lösen.***
F	Eltern-Kind-Turnen soll die ***sozialen Beziehungen*** der Eltern und Kinder zu den anderen Gruppenmitgliedern fördern.
G	Eltern-Kind-Turnen soll sportliche und außersportliche Anregungen für die ***Erlebnis- und Bewegungswelt, das Alltagsleben*** und ***die Freizeit der Familie im Wohnbereich geben.***

Alle diese Thesen sollen in den verschiedenen Praxisbereichen umgesetzt werden, die in einer Eltern-Kind-Turnstunde berücksichtigt werden können: Hier spielen Erwachsene und Kinder mit Kleingeräten und Alltagsmaterialien, sie lernen Fingerspiele und singen spielbare Kinderlieder. In Großgerätelandschaften bewegen sie sich ebenso fantasievoll wie bei der Umsetzung von Bewegungsgeschichten. Besondere Aktionen, wie z. B. der gemeinsame Ausflug mit Eltern-Kind-spezifischen Aufgaben oder das Wasserfest unter der Dusche, gehören selbstverständlich auch zum Jahresprogramm einer Abteilung. Gerade diese besonderen Unternehmungen tragen zu einer harmonischen Gruppenatmosphäre bei, die von gegenseitigem Verständnis, von Ehrlichkeit, Vertrauen und einem starken Zusammengehörigkeitsgefühl geprägt ist.

Und wann gehen die Kinder zum Kleinkinderturnen?!

In vielen Vereinen wird neben dem Eltern-Kind-Turnen für die Drei- bis Sechsjährigen auch ein Angebot gemacht, das sich ausschließlich an die Vorschulkinder richtet, das Kleinkinderturnen. Junge Familien, die gern mit ihren Kindern zusammen aktiv sein möchten und die gemeinsamen Bewegungserlebnisse genießen, bleiben, so lange sie möchten, in der Eltern-Kind-Gruppe, etwa bis zur Einschulung. Ob oder wann die Kinder allein zum Turnen gehen, ist beileibe nicht von ihrem Alter, sondern vielmehr davon abhängig, inwieweit sie in der Lage sind, sich von den Eltern zu lösen und sich anderen Kindern anzuschließen. Daher setzt der Übergang in die Kleinkindergruppe einen Entwicklungsprozess voraus. Er darf nicht durch unvorbereitetes „Wegschicken" der Kinder erzwungen werden (z. B. auf Grund des Überschreitens einer Altersgrenze). Den Kindern kann der Übergang erleichtert werden, wenn die Kleinkindergruppe von der gleichen Übungsleiterin betreut wird oder wenn Spielfreunde aus der Eltern-Kind-Gruppe gleichzeitig in die nächste Gruppe wechseln.

II PRAXIS

FINGERSPIELE IM ELTERN-KIND-TURNEN

Im engen Kreis sitzen die Teilnehmer der Eltern-Kind-Turngruppe in einer Ecke der Turnhalle. Die größeren Kinder haben sich ganz dicht an ihre Mami oder ihren Papi gekuschelt, die Ein- und Zweijährigen sitzen auf dem Schoß ihrer Eltern. Es ist ganz still im Raum. Leise sprechen sie den Text eines Sprechreims und bewegen dazu ihre Hände und Finger.

Nicht erst dann, wenn die Kinder mit ihren Eltern zum Turnen gehen, entdecken sie ihre Finger als spannendes Spielzeug. Schon ganz früh sucht, entdeckt und fixiert der Säugling mit den Augen seine Finger und spielt mit ihnen. Wenn dann noch lustvolle Lautmalereien hinzukommen, ist das erste selbst entwickelte Fingerspiel entstanden. Später werden diese Fingerspiele mit der Unterstützung der Eltern anspruchsvoller und vielfältiger. Die Finger übernehmen dann immer wieder neue Rollen: Mal kann der Daumen das Kasperle sein, ein anderes Mal eine Katze oder eine Maus oder er hilft den anderen Fingern beim Andeuten einer Zipfelmütze, die auf den Kopf gesetzt wird. Immer wird bei diesen Spielen die Fantasie und das Darstellungsvermögen der Kinder gefördert.

Nicht ohne Grund werden einige Fingerspiele in den Familien mündlich von einer Generation zur anderen weitergegeben oder wandern schon seit Jahrzehnten ohne große Abnutzungserscheinungen durch Kindergärten und Schulen: Können doch mit ihrer Hilfe wertvolle pädagogische Ziele in die Praxis umgesetzt werden, noch dazu ohne erhobenen Zeigefinger, sondern mit viel Spaß beim gemeinsamen Spiel.

Denn hier haben die Kinder den ersten Kontakt mit geformter Sprache, mit Rhythmus und Reim, ihr aktiver und passiver Wortschatz wird erweitert, das Gedächtnis geschult und die Koordinations- und Konzentrationsfähigkeit verbessert.

Die Bezugsperson, die mit dem Kind ein Fingerspiel spielt, wendet sich ihm emotional vollends zu und gibt ihm dadurch das Gefühl von Geborgenheit und Sicherheit. Zusammen mit den Eltern und der Übungsleiterin werden in der Gruppe Ängste und Hemmungen abgebaut, denn die Beschäftigung mit dem Text, den Händen und Fingern lenkt von der eigenen Person ab. Weil durch das gemeinsame Sprechen, Spielen und Singen das Gruppengefühl gefördert wird, können noch abseits stehende Familien ohne große Mühe integriert werden.

Die Übungsleiterin sollte darauf achten, dass der Text des Sprechreims, der dargestellt werden soll, umso kürzer ist, je jünger die Kinder sind, mit denen man sie spielt. Bei längeren Texten kann man zum besseren Verständnis den Inhalt des Sprechreims zuerst als kleine Geschichte erzählen und danach zur gereimten Form übergehen. Wichtig ist immer, dass man den Kindern genügend Zeit lässt, damit sie mit ihren Fingerchen die Handlung auch darstellen können. Beim Vortragen spricht die Übungsleiterin langsam und ausdrucksvoll. Durch das Heben und Senken der Stimme, durch besondere Betonungen und gewollte Pausen kann Spannung aufgebaut werden, die sich bei den Kindern schließlich durch lautes Quieken oder Lachen entlädt. Sie verlangen immer wieder nach Wiederholungen, auch oder gerade dann, wenn sie die Spiele längst kennen. Sie durchleben nämlich immer wieder die Spannung bis zu dem Augenblick, an dem sie lachen oder laut patschen können.

Anmerkung:
Alle Fingerspiele ohne Quellenangaben wurden mir mündlich überliefert.

FINGERSPIELE FÜR EIN- BIS ZWEIJÄHRIGE KINDER

Hin und her

Hin und her mit der Hand,	*Hände flach gegeneinander legen, hin- und herbewegen.*
klettern, klettern, hoch die Wand,	*Mit den Fingern aufwärts krabbeln.*
drehen, drehen, sich ganz schnell,	*Unterarme umeinander kreisen.*
dunkel wird's und wieder hell.	*Hände vor die Augen halten und wieder aufdecken.*

Frau Holle

Pille, palle, polle	*Dreimal klatschen,*
im Himmel wohnt Frau Holle,	*in die Luft zeigen,*
sie schüttelt ihre Betten aus,	*Hände ausschütteln.*
da fallen viele Flocken raus.	*Finger bewegen und von oben nach unten führen.*
Ticke, tacke, tocke	*Dreimal klatschen,*
da kommt 'ne dicke Flocke,	*mit beiden Händen einen Kreis in die Luft zeichnen.*
die setzt sich auf den Gartenzaun	*Eine aufgefangene Flocke pantomimisch nach rechts oder links ablegen.*
und will sich dort ein Häuschen bau'n.	*Fingerspitzen zu einem Dach zusammenlegen.*

Der Regen

Regen tripp und Regen trapp	*Mit den Fingerspitzen auf den Boden trommeln,*
schüttel ich vom Händchen ab.	*beide Hände ausschütteln.*
Erst die Rechte, dann die Linke,	*Rechte und linke Hand abwechselnd ausschütteln.*
beide machen winke-winke.	*Mit der rechten und der linken Hand winken.*
Auf und nieder rüttel ich beide Hände schüttel ich.	*Beide Hände auf- und abbewegen und beide Hände kräftig hin- und herbewegen.*

Zwicke-zwacke

Zwicke-zwacke ... in die Backe
zwicke-zwarm ... in den Arm
zwicke-zwein ... in das Bein
zwicke-zwie ... in das Knie
zwicke-zwauch ... in den Bauch
zwicke-zwals ... in den Hals
zwicke-zwand ... in die Hand
zwicke-zwase ... in die Nase
zwicke-zwo ... in den Po.

Die beiden Füße

Guten Tag, ihr Füße, wie heißt ihr denn?	*Eltern und Kinder sitzen im Kreis und begrüßen ihre Füße.*
Ich heiße Hampel – und ich heiße Strampel.	*Den rechten und linken Fuß anheben.*
Ich bin das Füßchen Übermut und ich das Füßchen Tunichtgut.	*Mit dem rechten und linken Fuß zappeln.*
Übermut und Tunichtgut gingen auf die Reise.	*Auf der Stelle treten.*
Patsch, durch alle Sümpfe, nass sind Schuh und Strümpfe.	*Mit beiden Füßen kräftig auf den Boden stampfen,* *beide „nassen" Füße in der Luft ausschütteln.*
Schaut die Mutter um die Eck ...	*Eine Hand über die Augen legen und Ausschau halten.*
laufen alle beide weg.	*Kinder stehen auf und laufen weg, Eltern fangen sie ein.*

Unsere Füße

Heidi Lindner und Gisela Stein

Schaut euch mal eure Füße an, den rechten und den linken. Was man mit ihnen machen kann, das wollen wir ergründen.	*Abwechselnd den rechten und den linken Fuß vorstrecken.*

Refrain:

Vier Schritte vor und vier zurück,	*Vier Schritte vorwärts und vier Schritte rückwärts gehen,*
dann dreh'n wir uns im Kreise.	*einen kleinen Kreis gehen,*
Jetzt rennen wir ein kleines Stück	*ein paar Schrittchen vorwärts laufen,*
und schleichen dann ganz leise.	*große Schritte rückwärts schleichen.*
Der dicke Zeh heißt Fridolin, der Kleine, der heißt Franz; der Dicke wackelt her und hin, der Kleine schafft's nicht ganz.	*Den großen Zeh anfassen und bewegen, der kleine Zeh versucht, auch zu wackeln.*
Refrain: Vier Schritte vor ...	*S. o.*
Am Fuß ist auch die Ferse dran, sie poltert laut beim Gehen.	*Auf den Fersen gehen.*
Wer auf den Zehen laufen kann, wird groß und kann mehr sehen.	*Auf den Zehenspitzen gehen.*
Refrain: Vier Schritte vor ...	*S. o.*
Auch Füße sagen: „Wiederseh'n", macht's gut, es ist jetzt Schluss.	*Die Füße treten sich gegenseitig auf die Füße.*
Wir müssen auseinander geh'n, zum Abschied gibt's 'nen Kuss.	*In die Grätsche rutschen oder springen. Füße wieder zusammenbringen und anschließend die großen Zehen aneinander reiben.*

Das Häuschen

Mein Häuschen ist nicht gerade, ist das aber schade. Mein Häuschen ist ein wenig krumm, ist das aber dumm!	*Beide Hände formen ein schiefes Dach, indem die Handflächen gegeneinander gelegt werden.*
Hui, da bläst der Wind hinein,	*Kräftig gegen das Dach pusten.*
bauz, da fällt das Häuschen ein.	*Mit beiden Händen laut auf den Boden patschen.*

Schiffchen im Sturm

Fährt ein Schiffchen übers Meer, wackelt hin und wackelt her.	*Beide Handflächen gegeneinander legen, die Daumen als Segel setzen. Die Hände wackeln im Handgelenk hin und her.*
Kommt ein frischer Wind, fährt das Schiff geschwind.	*In die zusammengelegten Handflächen blasen.*
Kommt ein starker Sturm daher,	*Ganz fest in die Handflächen pusten.*
schaukelt unser Schiffchen sehr.	*Die Hände schaukeln sehr stark hin und her, sie bewegen sich dabei vom Körper weg.*
Und auf einmal, bum,	*Bei „bum" in die Hände klatschen.*
kippt das Schiffchen um.	*Mit beiden Händen fest auf den Boden patschen.*

Die Schnecke

Text: Elfriede Pausewang

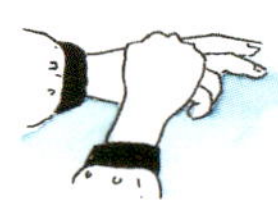

In unserm Garten kriecht 'ne Schnecke, die kommt ganz langsam nur vom Flecke.	*Eine Hand, mit der Handfläche nach unten, langsam über den Boden oder Schoß schieben.*
Sie hat die Fühler ausgestreckt,	*Zeige- und Mittelfinger als Fühler nach vorn strecken.*
oh weh, jetzt hat sie mich entdeckt!	*Die geballte Faust der anderen Hand als Schneckenhaus auf den Handrücken legen.*
Da zieht sie ihre Fühler ein und kriecht ins Schneckenhaus hinein.	*Zeige- und Mittelfinger einziehen, die untere Hand zur Faust ballen, dabei die obere Hand schützend darüber legen.*

Die Mäuschen

In unserem Häuschen	*Beide Hände zeigen ein Dach.*
sind schrecklich viel Mäuschen.	*Alle Finger laufen über den Boden.*
Sie trippeln und trappeln,	*Die Finger trommeln auf den Boden.*
sie zippeln und zappeln,	*Die Finger zappeln durcheinander.*
sie stehlen und naschen,	*Mit den Fingern pantomimisch etwas stibitzen und in den Mund stecken.*
und will man sie haschen ...	*In die Hände klatschen.*
husch, sind sie alle weg!	*Die Finger schnell hinter dem Rücken verschwinden lassen.*

Vater Maus

Das ist der Vater Maus, sieht wie alle Mäuse aus,	*Den Daumen in die Luft strecken.* *Den Daumen hin- und herwackeln lassen.*
hat ein weiches Fellchen an	*Mit der linken Hand über den rechten Handrücken streicheln.*
und einen Schwanz, soooooo lang.	*Mit beiden Händen die Länge des Schwanzes zeigen.*
Hat ein spitzes Schnäuzchen	*Daumen und Zeigefinger einer Hand gegeneinander bewegen.*
mit zwei Ohren dran.	*Zeige- und Mittelfinger strecken.*
Hat Zähne zum Beißen	*Fingerspitzen gegen den Daumen bewegen.*
und ... Füße zum Ausreißen.	*Finger krabbeln vom Körper weg oder am Bein des Kindes entlang.*

Anschließend werden die anderen Familienmitglieder vorgestellt. Da gibt es die Mutter Maus (Zeigefinger), die Oma (Mittelfinger), den Opa (Ringfinger) und die Babymaus (kleiner Finger).

In einer anderen Variante werden die Finger nach den Namen der Kinder benannt.

Ei, wer kommt denn da daher?

Ei, wer kommt denn da daher? Ist das nicht ein dicker Bär? Oder gar ein Elefant aus dem fernen, fremden Land?	*Langsam und fest mit beiden Händen rhythmisch auf den Boden patschen.*
Nein, es ist ein kleines Mäuschen	*Mit den Fingern einer Hand schnell und leise über den Boden laufen.*
und es sucht ein kleines Häuschen. Ei, wo ist es, sag es doch! Hier ist das kleine Mauseloch!	*Mit den Fingern auf die Suche gehen.* *Schnell am Arm des Kindes hinauflaufen und das Kind am Hals kitzeln.*

FINGERSPIELE FÜR DREI BIS SECHSJÄHRIGE KINDER

Fünf Freunde

Fünf Freunde sitzen dicht an dicht, sie wärmen sich und frieren nicht.	*Die fünf Freunde sind die Finger einer Hand.*
Der Erste sagt: Ich muss jetzt geh'n. Der Zweite sagt: Auf Wiederseh'n. Der Dritte hält's auch nicht mehr aus, der Vierte läuft zur Tür hinaus.	*Nach und nach wird ein Finger nach dem anderen abgeknickt, wobei der kleine Finger beginnt.*
Der Fünfte ruft: He, ihr, ich frier! Da wärmen ihn die anderen vier.	*Schließlich bleibt der Daumen übrig, er ruft alle wieder zusammen, die vier Finger legen sich schützend und wärmend um ihn herum.*

Max und Moritz

Max und Moritz, diese beiden,	*Rechten und linken Daumen hochhalten und damit wackeln.*
wollten sich für 10 Cent	*Beide Hände mit 10 ausgestreckten Fingern zeigen.*
eine Riesenknackwurst kaufen.	*Die Länge der Wurst andeuten.*
Für 10 Cent – eine Riesenknackwurst??	*Alle 10 Finger zeigen,*
Das gibt es nicht!	*mit beiden Händen abwinken,*
Max und Moritz zanken sich.	*mit beiden Daumen gegeneinander schlagen.*
Da kam der dicke Polizist	*Ein wackelnder Daumen kommt von der Seite zur Körpermitte.*
und steckt die beiden in die Kist.	*Mit beiden Händen eine Faust machen, die gestreckten Daumen zeigen nach unten.*
Max und Moritz gar nicht dumm, dreh'n die Kiste einfach um.	*Die Hände so drehen, dass die Daumen wieder nach oben zeigen,*
Max und Moritz freuen sich.	*beide Daumen gegeneinander reiben, dabei Küsschen in die Luft schmatzen.*

Die Zipfelmütze

Ich sitze, ich sitze mit meiner Zipfelmütze auf einem großen Stein.	*Mit beiden Händen eine Zipfelmütze auf den Kopf setzen.* *Mit den Händen einen Kreis beschreiben.*
Ich denke dies und denke das,	*Einmal den linken und einmal den rechten Zeigefinger an die Schläfe legen.*
ich schaue hier und schaue dort und wenn mich einer sucht, dann bin ich ganz schnell fort.	*Hände über die Augen halten, nach rechts und links schauen.* *Die Augen mit beiden Händen zudecken.*

All die vielen kleinen Zwerge

aus: Marga Arndt/Waltraut Singer: Das ist der Daumen Knudeldick, © 1980 by Ravensburger Buchverlag, Otto Maier GmbH, Ravensburg

All die vielen kleinen Zwerge aus dem hohen Tannenberge wollen heut spazieren geh'n, denn die Sonne scheint so schön.	*Mit den Fingern auf dem Boden herumlaufen.* *Mit den Armen einen großen Kreis beschreiben.*
All die Pix und Pox und Pitze wackeln mit der Zipfelmütze,	*Mit beiden Händen eine Zipfelmütze auf den Kopf setzen.* *Hände hin- und herbewegen.*
zwicken sich und zwacken sich, haschen sich und fangen sich. Doch, o weh, da kommt sodann eine dicke Wolke an. Viele kleine Regentröpfchen fallen auf die Zwergenköpfchen.	*Die rechte und die linke Hand zwicken sich und fangen sich.* *Die Umrisse einer großen, dicken Wolke in die Luft malen.* *Mit den Fingerspitzen den Regen auf den Kopf rieseln lassen.*
Zwerglein laufen schnell nach Haus, reißen vor der Wolke aus in ihr sicheres Versteck. Husch, da sind sie alle weg!	*Mit den Fingern ganz schnell über den Boden laufen.* *Beide Hände hinter dem Rücken verstecken.*

Das Stachelschwein

Es war einmal ein Stachelschwein,	*Die fünf Finger einer Hand weit spreizen.*
das zog seine Stacheln ein.	*Alle Finger zu einer Faust einziehen.*
Eins und zwei und drei und vier …	*Einen Finger nach dem anderen wieder strecken.*
das Stachelschwein ist wieder hier.	*Mit einem Überraschungseffekt die ganze Hand weit nach vorn strecken.*

Die kleinen Affen

Fünf kleine Affen, die saßen auf einem Baum,	*Alle fünf Finger einer Hand bewegen.*
sie ärgerten das Krokodil: „Du fängst uns kaum, du fängst uns kaum!“	*Mit beiden Händen eine Wegwerfbewegung machen.*
Da kam das große Krokodil,	*Beide Hände an den Handwurzeln zusammenlegen.*
schnapp – schnapp – schnapp! …	*Hände auf- und zuklappen und schließlich zuschnappen.*
Vier kleine Affen, die saßen auf einem Baum, sie ärgerten …	*Nur noch vier Finger zeigen, die dazugehörende Hand drehen.*
Drei kleine Affen, die saßen auf einem Baum, sie ärgerten ….	*Nur noch drei Finger zeigen, ….*
so weiter bis	
Kein kleiner Affe saß mehr auf einem Baum	*Hand verstecken.*
und ärgerte das Krokodil: „Du fängst uns kaum, Du fängst uns kaum!“	*Mit dem Kopf schütteln.*
Da kam das große Krokodil:	*Hände wieder zu einem großen Maul zusammenlegen.*
„Rülps – rülps – rülps!“	*Beim letzten „rülps“ weit aufklappen.*
Fünf kleine Affen, sie saßen auf einem Baum usw.	*Das Spiel beginnt von vorn.*

Die Geschichte von der kleinen und der großen Ente

Es war einmal eine **große** und eine **kleine** Ente. Es sagte die **große** Ente zu der **kleinen** Ente:

Enten mit Daumen und den anderen Fingern, die sich gegeneinander bewegen, darstellen. Die große Ente bewegt sich von rechts oben nach links oben, die kleine Ente von links unten nach rechts unten.

„Geh mir nicht ins Wasser, denn da kommt der **große** Fisch mit dem **breiten** Maul."

Den großen Fisch mit weit nach oben und unten geöffneten Armen darstellen, beim breiten Maul werden die Arme weit nach rechts und links geöffnet.

Doch als die **große** Ente schlief, ging die **kleine** Ente witsch-watsch, witsch-watsch ins Wasser. Da kam der **große** Fisch mit dem **breiten** Maul und fraß die **kleine** Ente auf.

Als die **große** Ente wach wurde und sah, dass die **kleine** Ente verschwunden war, weinte die **große** Ente.

Das Schlafen und Watscheln wird pantomimisch dargestellt, ebenso das Weinen der großen Ente.

Doch am Abend, als der **große** Fisch mit dem **breiten** Maul schlief, kam die **kleine** Ente – schwupp – aus dem Maul heraus.

Wie oben.

Da freuten sich die beiden Enten.

Mit beiden Händen die Daumen gegen die übrigen Finger auf- und abbewegen und dabei Küsschen in die Luft schmatzen.

SPIELBARE KINDERLIEDER UND MUSIK

Auf Knopfdruck sind sie abrufbar, die Lieder von Zwergen und Bären, von Schnecken, Pinguinen und Mäusen. Das gemeinsame Singen zusammen mit den Eltern gehört in den meisten Familien der Vergangenheit an und wird längst durch das Hören von Musikkassetten im Kinderzimmer und Auto ersetzt. Weil aber ursprünglich für kleine (und auch große) Kinder Musik hören und sich dazu bewegen eine Einheit bilden, kommt die gespielte Umsetzung der Musik hierbei zu kurz. Nur bei gleichzeitigem Hören und Bewegen kann Fantasie und Kreativität freigesetzt und die Forderung nach einer ganzheitlichen Bewegungserziehung erfüllt werden.

Zusammen mit anderen Erwachsenen und Kindern in einer großen Gruppe zu singen und zu spielen, vermittelt allen Teilnehmern das Gefühl, Mitglied einer harmonischen Gruppe zu sein. Die daraus erwachsende Freude am gemeinsamen Singen bleibt dann nicht nur auf die wöchentliche Turnstunde beschränkt, sondern lebt im Alltag der Familie weiter.

Gemeinsam gesungene und gespielte Lieder bedeuten aber nicht nur einen Wert an sich, sie übernehmen auch wichtige Funktionen im Ablauf einer Eltern-Kind-Turnstunde. Das schon zum Ritual gewordene, immer wiederkehrende Lied zum Beginn und Ende einer Stunde gibt den Kindern einen Ordnungsrahmen, an dem sie sich orientieren können. Oft halten sich die einmal eingeführten Lieder zum Anfang oder Schluss über viele Jahre und es ist für die Übungsleiterin fast unmöglich, einmal ein neues Lied an diese Stelle zu setzen.

Spielbare Kinderlieder haben eine ganz besondere Bedeutung, wenn es um die Belebung und Weiterentwicklung einer Bewegungsgeschichte geht. Das Einflechten von Liedern in eine Geschichte lockert eine Handlung auf und bringt sie wieder zu einem neuen Höhepunkt.

Manchmal ist aber auch der Titel oder Text eines spielbaren Kinderliedes der Ausgangspunkt für eine Erzählung. Seine oft ganz einfache Handlung

kann nicht nur Ideengeber für die Übungsleiterin sein, sondern ermöglicht es auch den Kindern, ihre Vorstellungen und Gedanken mit in die Geschichte einzubringen.

Um die Beteiligung der Kinder an der Gestaltung eines Liedes zu erreichen, ist es selbstverständlich, dass die Auswahl von der Übungsleiterin so getroffen wird, dass sowohl die Melodie als auch der Text dem Entwicklungsstand und der Erlebniswelt der Kinder angepasst sind.

Spielbare Kinderlieder müssen nicht immer in der gleichen Form in Bewegung umgesetzt werden. Die Vorstellung darüber, wie sich beispielsweise ein Pinguin über das Eis bewegt, muss nicht bei allen Kindern gleich sein. Deshalb können unterschiedliche Lösungen von der Übungsleiterin zugelassen werden und dürfen nicht vereinheitlicht werden.

Das „live" gesungene Lied ist in jedem Fall einer Musikkassette vorzuziehen, denn es bringt für die Gruppe zwei entscheidende Vorteile: Erstens kann die Geschwindigkeit des Gesangs den Bewegungsmöglichkeiten der Kinder angepasst werden und zweitens kann das Lied an jeder beliebigen Stelle verzögert oder unterbrochen werden.

KINDERLIEDER

Mit Fingerchen

Text und Melodie mündlich überliefert

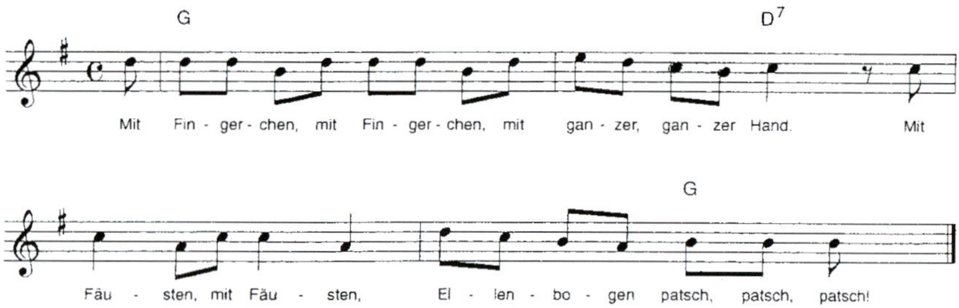

Mit den beim Singen benannten Körperteilen klopfen Eltern und Kinder rhythmisch auf ihre Oberschenkel, auf den Boden, eine Bank oder einen Weichboden. Nach den Ellbogen wird der Gesang ein wenig verzögert, danach folgt das „Patsch-Patsch-Patsch" in die Hände oder auf den Boden besonders laut.

Wo ist denn der Daumen?

Text: mündlich überliefert, Melodie: Bruder Jakob

Weitere Strophen: Wo ist denn die Hand?
Wo ist denn die Faust? Wo sind denn die Füße?

Nacheinander den rechten und linken Daumen hinter dem Rücken hervorholen. Mit dem rechten und linken Daumen wackeln, Daumen verbeugen sich voreinander. Rechter und linker Daumen verschwinden nacheinander hinter dem Rücken.

Oh, du kleiner Kuschelbär

Text: mündlich überliefert, Melodie: Oh, du lieber Augustin

Zur Melodie vom kleinen Kuschelbären schmiegen sich die Kinder an die Mami oder den Papi und werden auf deren Schoß sanft hin- und hergewiegt.

Die Streicheleinheiten genießen nicht nur die Arme, auch alle anderen Körperteile wie der Bauch, der Kopf, die Beine, der Rücken möchten verwöhnt werden.

Auf die Plätze

Text: Heidi Lindner und Gisela Stein, Melodie: Schornsteinfegerlied

Wenn ich morgens früh aufstehe
und zum ersten Frühstück gehe,
rutsche ich ...

Wenn ich morgens früh aufstehe
und zum Kindergarten gehe ...

Will ich dann nach Hause gehen,
kann ich nicht mehr länger stehen.
Ich fall müd in Mamis Schoß,
außer Kuscheln nichts mehr los.

Die Kinder sitzen am Anfang jeder Strophe auf dem Schoß der Eltern. Bei „Auf die Plätze – fertig – los" laufen sie weg und werden von den Erwachsenen wieder eingefangen.

Der Regen fällt

Text und Melodie mündlich überliefert

.... da werden uns're Arme naß.
.... da werden uns're Beine naß.
.... da werden uns're Bäuche naß.
.... da werden uns're Schultern naß.

Mit beiden Händen wird der herabfallende Regen dargestellt. Sie streichen über die jeweiligen Körperteile, die im Lied besungen werden.

Bei „pitsche-pitsche-patsch" klatschen alle in die Hände und beim „plum-plum" auf den Boden.

Kinder, kommt und turnt mit mir

Text: mündlich überliefert, Melodie: Brüderchen, komm', tanz' mit mir

2. Wie die Ente Wackelschwanz
geht es jetzt im Ententanz.
Wackelt hin, wackelt her,
Kinder, Kinder, ist das schwer!

3. Wie der Riese Timpetu
gehst mit großen Schritten du;
und das Zwerglein klitzeklein
trippelt lustig hinterdrein.

4. Wie das Häschen Schnuppernas
hüpfen wir im grünen Gras.
Hüpfen hoch und ganz weit,
das ist eine Kleinigkeit.

Die Umsetzung des Liedes ergibt sich aus dem Text der jeweiligen Strophe.

In der Fahrschule

Text und Melodie: Gisela Stein

2. Will ich rechts um die Ecke fahr'n,
   dann wink ich mit dem rechten Arm.

3. Auch links abbiegen ist nicht schwer.
   Den linken Arm raus! Bitte sehr!

4. Ich fahre rückwärts, schau nur her,
   und achte stets auf den Verkehr.

5. Wenn einer gar zu langsam ist,
   dann wird an ihm vorbeigezischt.

6. Nun fahr ich auf der Autobahn
   und gebe Gas, so fest ich kann.

7. Au wei, jetzt bleibt mein Auto steh'n,
   ich muss zu Fuß nach Hause geh'n.

Die Umsetzung des Liedes ergibt sich aus dem Text der jeweiligen Strophe.

Tut, tut ein Auto kommt

Text: mündlich überliefert, Melodie: Trara, die Post ist da

Alle halten pantomimisch ein Lenkrad in der Hand und fahren dem Text entsprechend durch die Halle. Dabei können sich bei mehrmaligem Singen langsame und schnelle sowie leise und laute Autofahrten abwechseln.

Eisenbahnlied

Text und Melodie mündlich überliefert

Refrain: So faßt euch an, so faßt euch an,
wir fahren mit der Eisenbahn, der Eisenbahn.

2. Nun schnauf, Maschine, schnauf; es geht den Berg hinauf.
   Refrain: So faßt euch an ....

3. Der Kohlenwagen schwer, der rumpelt hinterher.
   Refrain: So faßt euch an ....

4. Im Nächsten ist's bequem, da fahr'n wir angenehm.
   Refrain: So faßt euch an ...

5. Im Roten hinterdrein, da schmeckt das Essen fein.
   Refrain: So faßt euch an ...

6. Im Schlafwagen seid still, weil alles schlafen will.
   Refrain: So faßt euch an ...

7. Jetzt kommt der Letzte dran. Ich winke, was ich kann.
   Refrain: So faßt euch an ...

Durch Handfassung bilden wir eine lange Eisenbahn und fahren durch die Halle. Der Text wird jeweils pantomimisch dargestellt, zum Refrain bewegt sich die Eisenbahn ziemlich schnell und alle „Fahrgäste" stampfen dabei mit den Füßen.

In London brennt es

Text und Melodie mündlich überliefert

Alle Teilnehmer stehen im Kreis. Die Nachricht vom Brand wird nach rechts und links weitergegeben, wobei die Hände als Trichter an den Mund gelegt werden. Danach hält man nach beiden Seiten Ausschau und führt dabei die Hände über die Augen. Bei „Feuer-Feuer" hüpfen alle Teilnehmer ganz aufgeregt in die Höhe und reißen dabei die Arme hoch. Mit bedauernder Geste muss man beschämt eingestehen, dass es leider kein Wasser zum Löschen gibt.

Das Lied kann in der Bauchlage wiederholt werden, dann wird das Aufspringen bei „Feuer-Feuer" besonders eindrucksvoll. Effektvoll ist eine weitere Wiederholung, bei der der Text nur geflüstert und das „Feuer-Feuer" laut herausgeschrien wird.

Die Leiter am Apfelbaum

Text und Melodie mündlich überliefert

2. Ich steige immer weiter und halt mich an den Zweigen fest
   und setz mich dann gemütlich auf einen dicken Ast.
   Ich wippe, ich wippe, diwipp-diwapp, diwipp-diwapp,
   Ich wippe, ich wippe und fall auch nicht herab.
   Knicks – knacks – plumps!!

Die Umsetzung des Liedes ergibt sich aus dem Text der jeweiligen Strophe.

Was ist los?

Text und Melodie mündlich überliefert

Refrain:
Ich kann nichts sehn, ich kann nichts sehn,
da drüben ist was los.

2. Ich will einmal von oben sehn, so – so – so.

3. Ich will einmal durchs Astloch sehn, so – so – so.

4. Ich stelle eine Leiter an, so – so – so.
   Jetzt kann ich sehn, jetzt kann ich sehn,
   doch jetzt ist nichts mehr los!

Mit einer Hand am Ohr horchen wir auf Geräusche, die aus einer bestimmten Richtung zu uns dringen. Wir laufen schnell dorthin, legen uns auf den Boden und schauen unter dem „Zaun" hindurch nach rechts und links. Bei der zweiten Strophe stellen wir uns auf die Zehenspitzen und schauen über den Zaun, in der dritten formen wir mit einer Hand ein Guckloch und schauen hindurch. Schließlich schleppen wir eine imaginäre Leiter herbei und klettern hinauf. Beim Refrain begleiten wütende Gesten unsere Enttäuschung darüber, dass wir nichts sehen können.

Ich heiße August Fridolin

Text und Melodie: Barbara Böke
aus: LERNSPIELE Band 2, Fidula-Verlag Boppard/Rhein

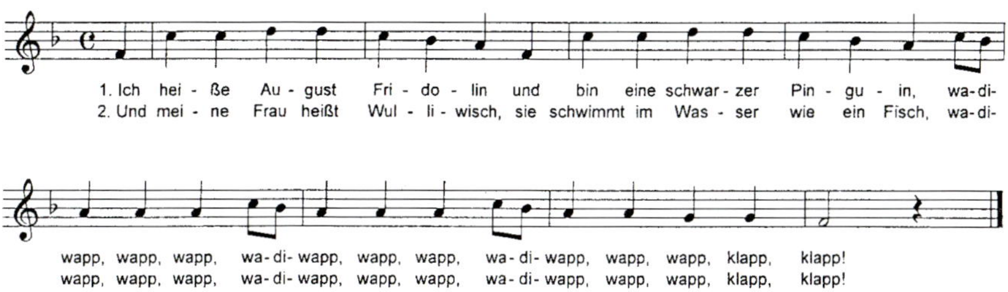

Refrain:
Wadi-wapp, wapp, wapp,
wadi-wapp, wapp, wapp,
wadi-wapp, wapp, wapp, klapp, klapp!

3. Wir haben auch noch Kinderlein,
die wackeln lustig hinterdrein.
Refrain: Wadi-wapp, wapp, wapp ...

4. Und wollt ihr uns mal seh'n so froh,
dann geht mal wieder in den Zoo!
Refrain: Wadi-wapp, wapp, wapp ...

Eltern und Kinder gehen im Pinguingang mit kleinen Schritten und steifen Gelenken auf der Kreislinie. Dabei legen sie die Arme seitlich an den Körper und winkeln die geschlossenen Hände nach außen ab. Beim Refrain watscheln alle einen kleinen Kreis um sich selbst und klatschen bei „klapp-klapp" mit den Flossen an die Oberschenkel. Man kann das Lied auch mit verteilten Rollen spielen. Zuerst stellt sich Vater Pinguin vor, später kommen die Mutter und die vielen Kinder hinzu. Der Refrain wird dann jeweils von der gesamten Gruppe gespielt.

Der kleine Pinguin

Pitsch, Patsch, Pinguin; Text und Melodie: Fredrik Vahle

Zwei kleine Pinguine laufen übers Eis.
Pitsch-patsch, Pinguin, sie watscheln schon im Kreis.

usw.

Horch, wer brummt denn da, das muß der Eisbär sein.
Und sie ducken sich, machen sich ganz klein.

Und der Eisbär tappt schon heran, oh Schreck,
Pitsch-patsch, Pinguin, da watscheln alle weg.

Das Lied kann mit verteilten Rollen gespielt werden,
zuerst beginnt ein Pinguin, mit jeder Strophe kommt ein weiterer hinzu.

Schnecke und Biene

Text und Melodie: Ludwig Voges, aus: „Lieder wie sie Kinder mögen" (Abdruck mit freundlicher Genehmigung des Deutschen Kinderschutzbundes, Ortsverband Köln, Spichernstraße 55, 50672 Köln)

2. Hallo, kleine Biene sag' mir: Warum hast du keine Zeit?
Bald wird es schon dunkel, muß noch lange fliegen,
denn zum Bienenstock ist es noch weit.

3. Trag' dein Haus doch auf dem Rücken,
mach's wie ich und ruh' dich aus.
Du kannst besser kriechen, ich kann besser fliegen,
viel zu schwer ist mir dein Schneckenhaus.

Es gibt mehrere Möglichkeiten, dieses Lied in Bewegung umzusetzen, allen ist jedoch der Aspekt gemeinsam, die unterschiedlichen Fortbewegungstempi zwischen Schnecke und Biene herauszuarbeiten.

1. *Im Fingerspiel schiebt sich eine Hand, auf der die andere Hand ein Schneckenhaus bildet, langsam vorwärts. Die Bienen werden von den Fingern dargestellt, die schnell von rechts nach links zappeln.*

2. *In einer langen Schlange mit Handfassung gehen alle Eltern und Kinder langsam zu einer Schnecke. Wird die Biene besungen, schwirren alle aus, um sich zur nächsten Strophe wieder anzufassen.*

3. *Im Eltern-Kind-Turnen können die Rollen auch so verteilt werden, dass die Erwachsenen die Schnecken darstellen und die Kinder als Bienen lustig um die Schnecken herumschwirren.*

Zwerg Wackelmütze

Text: Ingrid Biermann, Musik: Detlev Jöcker
aus Buch, CD und MC: „Ich bin der kleine Zappelmann",

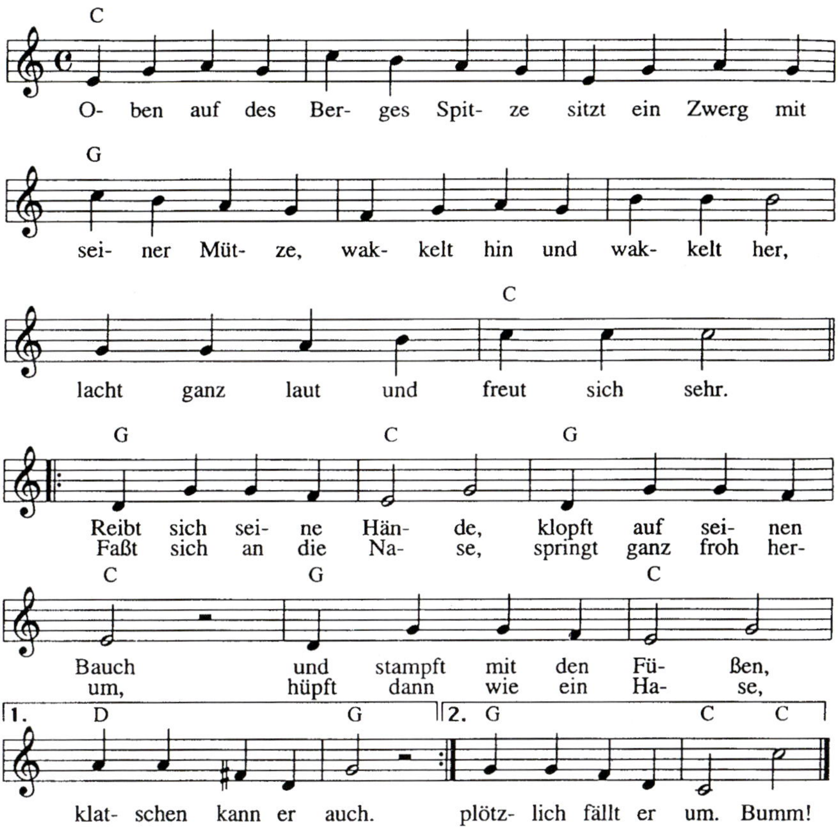

Die Umsetzung des Liedes ergibt sich aus dem Text.

Das Lied vom Wackelpudding

Text und Musik: Detlev Jöcker
aus Buch, CD und MC: „Oh, du schöne Spielezeit“,

2. Fassen wir uns an die Arme,
3. Fassen wir uns an die Nase,
4. Fassen wir uns an die Ohren,
5. Fassen wir uns auf die Knie,
6. Fassen wir uns an im Kreise ...

Die Umsetzung des Liedes ergibt sich aus dem Text der jeweiligen Strophe.

Indianerlied

Entstanden in einer Sprachenheilschule

2. Indianer heißen wir, a-hu, a-hu, a-hu!
   Ums Lagerfreuer sitzen wir, a-hu, a-hu, a-hu!
   Wir singen jetzt mit lautem Klang den wilden Indianersang,
   a-hu, a-hu, a-hu, a-hu, a-hu, a-hu.

3. Indianer heißen wir, a-hu, a-hu, a-hu!
   Ganz leise schleichen können wir, a-hu, a-hu, a-hu!
   Wir laufen schneller als der Wind und plötzlich wir verschwunden sind,
   a-hu, a-hu, a-hu, a-hu, a-hu, a-hu.

Vers 1: Alle Eltern und Kinder bewegen sich frei durch den Raum, sie zeigen mit wilden Sprüngen und Drehungen ihren Tanz. Das lang gezogene „a-hu" wird mit hochgeworfenen Armen in der Grätschstellung gesungen.

Vers 2: Alle Teilnehmer sitzen im Kreis, trommeln mit den Fäusten auf die Brust oder auf den Fußboden. Das „a-hu" wird mit leichtem Schlagen der flachen Hand vor dem Mund gesungen.

Vers 3: Alle schleichen langsam umher, wobei leise und langsam gesungen wird. Dann laufen sie schnell zu einem Versteck und man hört das „a-hu" nur ganz leise aus der Ferne.

MUSIK IM ELTERN-KIND-TURNEN

Die Verwendung von Tonträgern, also von Musikkassetten und Compact Discs, sollte im Eltern-Kind-Turnen sehr genau durchdacht werden. In den meisten Fällen ist das Singen mit der Gruppe der bessere Weg. Dennoch gibt es Anlässe, bei denen der Einsatz von Musik sinnvoll, ja manchmal sogar unentbehrlich ist.

Jeder hat wohl schon einmal an sich selbst erlebt, dass beim Hören von flotter Musik die Arbeit zügiger von der Hand geht und die Stimmung steigt. Der gleiche Effekt tritt ein, wenn beispielsweise unsere Eltern und Kinder in der Halle laufen sollen. Ohne Musik bewegen sich vor allem die Erwachsenen im Schongang, der Raumgewinn bei den einzelnen Schritten ist sehr gering und an den Gesichtern ist mehr Qual als Bewegungsfreude abzulesen. Dies ändert sich schlagartig, wenn wir den Rekorder anstellen. Es macht einfach Spaß, sich nach einer rasanten Musik zu bewegen; Dynamik ersetzt dann Monotonie. Eine erfahrene Übungsleiterin nutzt dieses Wissen, um schon am Beginn einer Turnstunde die Teilnehmer so richtig in Schwung zu bringen und den Grundstein für ein gemeinsames, fröhliches Bewegen zu legen.

Musik unterstützt die Bewegungsfreude und dient der Bewegungsintensivierung.

Bei der Verwendung von Kassetten sollte man nach Möglichkeit auf Instrumentalaufnahmen zurückgreifen, weil hier die Gestaltungs- und Interpretationsmöglichkeiten nicht durch den Text eingeschränkt werden. Folgende Laufformen bieten sich an:

- Laufen vorwärts, rückwärts, auf der Stelle, in Schlangenlinien.
- Die Kinder laufen im Slalom um die verteilt in der Halle stehenden Eltern herum.
- Die Kinder laufen vorwärts, die Eltern umkreisen sie dabei.
- Eltern und Kinder fahren mit dem Auto, allein oder mit Beifahrer.
- Eltern und Kinder fahren mit einem Lastwagen mit Anhänger.
- Viele Eltern und Kinder fahren in einem Bus.
- Eltern und Kinder fliegen mit einem Flugzeug.

Musik ist ein methodisches und organisatorisches Mittel.

Als methodisches Mittel bei Musik-Stopp-Spielen ist der Kassettenrekorder und seine Pausentaste unentbehrlich. Ausgelassene Laufphasen wechseln mit Bewegungsaufgaben ab. Neben der Förderung der akustischen Wahrnehmung (wenn die Musik verstummt, muss ich stehen bleiben und zuhören) können gerade hier Fantasie und Kreativität der einzelnen Eltern-Kind-Paare herausgefordert werden. Die Formulierung der Bewegungsaufgaben sollte deshalb möglichst viel Spielraum für unterschiedliche Interpretationen und individuelle Lösungen lassen.

MUSIK-STOPP-SPIELE

Zu einer Laufmusik bewegen sich alle Eltern und Kinder kreuz und quer durch die Halle. Wird die Musik angehalten, kann die Übungsleiterin Aufgaben stellen, die dann von den Teilnehmern nach ihren eigenen Vorstellungen gelöst werden. Beim erneuten Einsatz der Musik laufen wieder alle, bis mit einem neuen Musikstopp eine neue Aufgabe folgt. Hier einige Beispiele:

- Kuschelt euch möglichst dicht an Mami oder Papi.
- Nehmt euch in den Arm und drückt euch ganz fest.
- Die Kinder setzen sich auf Mamis oder Papis Schoß.
- Die Kinder legen sich auf den Rücken oder Bauch ihrer Eltern.
- Die Kinder laufen um ihre Mami oder um alle Eltern herum.
- Die Eltern bauen eine Brücke, die Kinder kriechen hindurch.
- Eltern und Kinder fassen sich an einer Hand oder an beiden Händen und tanzen umeinander herum.
- Die Eltern entfernen sich rückwärts laufend mit ausgebreiteten Armen von ihren Kindern. Die Kinder laufen auf ihre Eltern zu, werden hochgehoben und im Kreis herumgeschleudert.
- Die Eltern fassen ihr Kind unter den Armen und heben es mehrmals hoch in die Luft.
- Die Kinder verstecken sich in einer Höhle (Eltern decken die Kinder mit ihrem Körper zu).
- Mehrere Familien bilden zusammen einen Kreis. Wie wird der Kreis ganz groß und wie wird er klein?

- Alle Kinder kriechen durch viele Brücken, die von den Eltern gebaut werden.
- Es liegen jetzt viele Baumstämme auf der Erde. Die Kinder springen über sie hinweg, rollen sie durch die Halle.
- Die Erwachsenen sind ein Schaukelstuhl.
- Die Erwachsenen sind ein Zaun, über den man steigen, unter dem man durchkriechen kann.
- Alle Kinder fahren mit ihren Eltern Karussell (Kinder setzen sich auf den Schoß ihrer Eltern, gemeinsam drehen sich Mutter oder Vater und Kind im Sitzkreisel).
- Eltern und Kinder fahren zusammen mit der Eisenbahn.
- Alle Eltern und Kinder fassen sich an den Händen und bewegen sich wie eine lange Schlange durch die Halle.
- Alle Eltern bauen mit ihren Körpern ein großes Zelt, in dem sich alle Kinder verstecken können.

Musikempfehlungen für Lauf- und Musik-Stopp-Spiele:

- „TIP ... TAP ..., Musik für Leiseschleicher & Notenhopser“, Pipo-Verlag, Neumünster.
- „Die tägliche Bewegungszeit in der Grundschule II“, Fidula-Verlag, Boppard, Titel: „Notwehr“.
- Fidula-Verlag, Boppard, Kassette 5, Titel: „Laufvergnügen“.
- „Singen macht Spaß“, Lieder von Rolf Zuckowski, Begleitkassette 2, Titel (Playback): „Besuch auf dem Bauernhof“ und „Drachen im Wind“.

DIE MUSIKALISCHE BEWEGUNGSGESCHICHTE

Mit unserem Körper, unseren Gefühlen und Ideen zur Musik eine Geschichte erzählen, das ist gemeint, wenn wir von musikalischen Bewegungsgeschichten sprechen. Dabei können alle großen und kleinen Leute ihrer Fantasie freien Lauf lassen und die Geschichte nach eigenem Empfinden spielen. Dies können möglicherweise die Kinder besser als ihre Eltern, denn sie erleben Musik und Bewegung noch als eine Einheit. Sie bewegen sich zur Musik ungezwungen und spontan und geben so ihren Stimmungen und Gefühlen Ausdruck.

Sehr bekannte klassische musikalische Bewegungsgeschichten sind „Der Karneval der Tiere“ von Camille Saint-Saëns und Sergej Prokofieffs Geschichte „Peter und der Wolf“. Hier werden in lautmalerischer Weise die charakte-

ristischen Merkmale der Tiere wiedergegeben und es entstehen vor unseren Augen schon beim Zuhören die Bilder der musikalisch beschriebenen Tiere. Natürlich gibt es nicht nur in der klassischen Musik Beispiele für Bewegungsgeschichten, auch Produktionen von heute eignen sich dazu:

Ach, du Schreck!

Musik: Ku-tschi-tschi, Fidula-Verlag, Boppard/Rhein und Salzburg

Die Geschichte handelt von vielen kleinen und großen Gespenstern, die mit einem weißen Taschentuch planen, möglichst viele Leute zu erschrecken. Natürlich sind sie nicht gleich als Gespenster zu erkennen, denn sie halten beim Herumlaufen ihr Tuch versteckt hinter ihrem Rücken.

Bei den in der Aufnahme deutlich hörbaren, vier lang gezogenen Tönen bewegen sich zwei „Gespenster" aufeinander zu, um bei „Ku-tschi-tschi" das Tuch aus dem Versteck zu holen und es vor dem Gesicht des Opfers plötzlich hin und her zu schwenken.

Spiel mit mir, mein Kuscheltier

Musik: Pipo-Verlag, Neumünster

Das Lied erzählt, was ein Kuscheltier alles kann. Es kann fliegen, springen, balancieren und natürlich auch kuscheln. Das Besondere an dieser Aufnahme ist, dass nach dem erzählenden Text immer wieder Instrumentalteile folgen, die den Eltern und Kindern die nötige Zeit geben, um ihre Spielideen in Bewegung umzusetzen.

Wir gehen in den Zoo

Musik: Pipo-Verlag, Neumünster

Ein Gang durch den Zoo, vorbei an Elefanten, Affen, Löwen, Kängurus, Seehunden und Giraffen, wird in dieser musikalischen Bewegungsgeschichte beschrieben. Immer wieder ist von kleinen und großen Tieren die Rede, womit natürlich Erwachsene und Kinder gemeint sind. Alle Tiere bewegen sich auf die für sie typische Art in ihren Gehegen.

Ausreichend lange instrumentale Abschnitte lassen viel Zeit für das Umsetzen von eigenen Vorstellungen und Ideen.

Der Rührkuchen

Musik: Rock 'n' Roll-Musik

Ein Riesenrührkuchen soll heute gebacken werden. Dazu benötigen wir eine große Schüssel (alle Teilnehmer hocken sich im großen Kreis nebeneinander) und natürlich sehr viele Zutaten.

Leider haben wir unser Vorhaben nicht richtig geplant und vergessen, die notwendigen Lebensmittel einzukaufen. Nun sitzen alle vor der leeren Schüssel und haben nichts, was man in den Kuchen hineintun kann.

Lasst uns überlegen, was zuerst in einen Rührkuchen kommt. Na klar, Eier und Zucker. Alle rennen schnell zum Kaufmann, um diese Zutaten zu besorgen. Zurück an der Rührschüssel werden sie hineingegeben und tüchtig umgerührt.

Weitere Lebensmittel müssen gekauft werden, z. B. Mehl, Backpulver, Rosinen, Kakao usw. Immer wieder laufen wir zum Kaufmann, leeren die Tüten in die Schüssel aus und rühren dann kräftig um. Bei einer solch großen Schüssel kann es nötig sein, dass die kleinen Bäcker selbst einmal in die Schüssel steigen und auch die letzten Zutaten noch miteinander vermischen.

Irgendwann ist der Teig fertig gerührt, er wird pantomimisch in eine große Kuchenform gefüllt und kommt in den Backofen. Das Backen eines so großen Kuchens dauert sehr, sehr lange, sodass wir ihn heute wahrscheinlich nicht essen können, aber voller Erwartung um den Ofen herumzuhüpfen, macht ja auch viel Spaß.

MUSIK HILFT BEIM ENTSPANNEN

Wie im Erwachsenenbereich so ist auch im Eltern-Kind-Turnen der Einsatz von Musik bei Entspannungsübungen oder Entspannungsgeschichten ein probates Mittel, um über das Hören von weicher, akzentfreier Musik zu Ruhe und Entspannung zu kommen. Mithilfe der Musik können Bilder von Wiesen und Wolken vor unserem inneren Auge entstehen, die Musik kann uns mit einem Heißluftballon in die Luft schweben und das Rauschen von Wellen und Wind erlebbar werden lassen (siehe Wahrnehmungsförderung, S. 66).

VORFÜHRUNGEN IM ELTERN-KIND-TURNEN

Alle Jahre wieder stehen in den Vereinen Feste an, die natürlich durch das Auftreten der Eltern-Kind-Gruppe bereichert werden sollen. Während wir normalerweise Wert darauf legen, dass Kinder sich spontan und kreativ zur Musik bewegen, darf hier selbstverständlich auch einmal eine normierte, ausgezählte, kleine Gestaltung eingeübt werden. Diese Vorführung sollte aber immer so einfach konzipiert sein, dass man in der Vorbereitungszeit ohne stundenlanges Üben auskommen kann. Gerade die Unbekümmertheit und Spontaneität der Kinder ist es ja, die eine solche Darbietung zu einem besonderen Leckerbissen für die Zuschauer werden lässt. Diese Spontaneität wird durch das Streben nach Perfektion sehr schnell zerstört.

Beim Einsatz von Musik bei Vorführungen kommt es ganz entscheidend auf die Qualität an. Nur, wenn alle Töne auch den letzten Zuschauer erreichen, kann der Funke überspringen.

WAHRNEHMUNGSFÖRDERUNG

Bei einem Säugling ist es ganz deutlich zu beobachten, wie er auf Umweltreize mit Bewegung reagiert. Er dreht seinen Kopf in die Richtung, aus der er ein Geräusch, z. B. ein Glöckchen oder die Stimme der Mutter, wahrgenommen hat, fixiert den Gegenstand mit seinen Augen, greift nach ihm, beleckt und betastet ihn. Aber nicht nur Augen, Hände und Mund sind an der Wahrnehmung des Glöckchens oder der Mutter beteiligt, auch die Arme, Beine und Füße unterstützen diesen ganzheitlichen Vorgang, der außerdem noch mit Gestik, Mimik und lautem Juchzen unterstützt wird.

Die durchschnittliche Fähigkeit zur differenzierten Verarbeitung von Sinneseindrücken ist bei allen Menschen von Geburt an weit gehend ausgebildet, sie muss jedoch vor allem in der Kindheit durch ständige Auseinandersetzung mit den Dingen und Gegebenheiten der Umwelt weiterentwickelt werden. Je vielfältiger und differenzierter die sensorische Reizaufnahme ist, umso sicherer wird das Kind im Umgang mit Materialien, mit sich selbst und mit seiner Umwelt.

Kleinkinder erleben und reagieren auf ihre Umwelt ganzheitlich, deshalb müssen Bewegungsreize über alle Sinne angeboten werden, damit das Kind sie mit seiner ganzen Persönlichkeit aufnehmen und verarbeiten kann. Die Beherrschung des eigenen Körpers, Bewegungssicherheit, das bewusste Wahrnehmen und Reagieren auf die Außenreize tragen zur Persönlichkeits- und Intelligenzerweiterung bei und zielen auf Handlungsfähigkeit hin. Nicht selten aber ist die Wahrnehmungsfähigkeit bei Kindern gestört oder nicht genügend entwickelt und dies hat zur Folge, dass diese Kinder ihre Umwelt nur unvollständig erfassen können.

Ein Kind ist stets einer Vielzahl optischer und akustischer Eindrücke ausgesetzt, die einer ständigen Verarbeitung bedürfen. Die modernen Unterhal-

tungsmedien wie Fernsehen und Videospiele, der starke Verkehrslärm, aber auch eine Überflutung durch Spielsachen verhindern oft, dass die Kinder Sinneseindrücke bewusst aufnehmen, differenzieren und verarbeiten können. Voraussetzung für die Orientierung in der Umwelt ist die Fähigkeit, Sinnesreize gegeneinander abgrenzen zu können, sich z. B. auch bei hohem Geräuschpegel auf einen bestimmten Reiz konzentrieren und alle anderen unwichtigen Informationen ausschalten zu können.

Reisen durch das Land der Sinne und eine bewusste Wahrnehmung unseres Körpers werden somit immer wichtiger. Wir unterscheiden dabei zwischen **akustischer**, **optischer**, **taktiler** und **kinästhetischer Wahrnehmung** und der bewussten Auseinandersetzung mit unserem Körper. Hier werden spielerische und kindgemäße Angebote gemacht, die den Eltern und Kindern Freude bereiten und die noch dazu die Förderung der Konzentration und des sozialen Verhaltens beinhalten.

SPIELE ZUR AKUSTISCHEN WAHRNEHMUNG

Welcher Ball war das?

Für jedes Eltern-Kind-Paar liegen in einem Reifen unterschiedliche Bälle, beispielsweise ein Gymnastikball, ein Medizinball, ein Wasserball und ein Tischtennisball bereit. Zuerst stellen wir die verschiedenen Bälle vor und benennen sie mit ihrem Namen. Danach probiert jede Familie aus, wie unterschiedlich sich die Bälle verhalten und vor allen Dingen, wie unterschiedlich sie sich anhören, wenn sie zu Boden fallen.

Zum Schluss folgt ein Ratespiel: Die Kinder stehen mit dem Rücken zu ihren Eltern, sodass sie nicht sehen können, welchen Ball die Mami oder der Papi auswählt. Der Erwachsene lässt nun einen Ball aus Kopfhöhe aufprellen. Können die Kinder am Klang erkennen, welcher Ball gefallen ist? Sie wählen den „richtigen“ Ball aus und gemeinsam wird geprüft, ob die Entscheidung korrekt war.

Klick-klack

In einer großen Schüssel befinden sich sehr viele Tischtennisbälle. Eltern und Kinder stehen mit dem Rücken zur Übungsleiterin. Diese schüttet die Bälle auf einmal aus. Sobald die Teilnehmer das Aufprellen der Bälle hören, starten sie, um alle Bälle wieder einzusammeln und in die Schüssel zurückzubringen.

Geräusche verstecken

An jedes Eltern-Kind-Paar wird ein „Krachmacher" verteilt. Alle Klanginstrumente sollten sich akustisch voneinander unterscheiden. Hier einige Beispiele: Küchenwecker, Schlüsselbund, mit Murmeln gefüllte Dose, Glöckchen, Triangel, Trillerpfeife, Blockflöte, Klanghölzer, Mundharmonika, Tamburin, Plastiktüte usw.

Jede Familie beschäftigt sich zuerst mit ihrem „Instrument": Eltern und Kinder erkunden genau, wie sich ihr Krachmacher anhört. Die Kinder setzen sich dann auf den Boden und verdecken ihre Augen. Mami oder Papi bewegt sich nun in einiger Entfernung um das Kind herum und fordert dieses auf, in die Richtung zu zeigen, aus der das Geräusch kommt. Bei den vielen unterschiedlichen Geräuschen wird das genaue Orten umso schwieriger, je weiter man sich vom Kind entfernt. Anschließend werden die Rollen und auch die „Instrumente" getauscht.

Was ist laut und was ist leise?

Viele Dinge, die uns im täglichen Leben begegnen, machen Geräusche. Ob sie laut sind oder leise, soll die Gruppe beantworten. Eltern und Kinder gehen, laufen oder hüpfen durch die Halle. Die Übungsleiterin oder einzelne Teilnehmer der Eltern-Kind-Gruppe rufen nun Begriffe, die dann von allen geräuschvoll mit der entsprechenden Lautmalerei oder geräuschlos in Bewegung umgesetzt werden.
Hier einige Beispiele für leise ...
Segelflugzeug, Regenwurm, Mäuschen, Hase, Fahrrad, Schmetterling, Schlange
... und für laute Dinge:
Traktor, Düsenflugzeug, Rennauto, Elefant, Staubsauger, Eisenbahn usw.

WAHRNEHMUNGSFÖRDERUNG

Was ist groß und was ist klein?

Ebenso wie beim Laut-leise-Spiel gibt es in unserer Umgebung auch Dinge, die groß oder klein sind.
Bei großen Dingen gehen wir auf den Zehenspitzen, bei kleinen in der leichten Hockstellung. Durch Zuruf werden Begriffe akustisch aufgenommen und entsprechend umgesetzt.

Hier einige Beispiele für große ...
Elefant, Giraffe, Riese, Turm, Baum, Hochhaus, Lokomotive
... und für kleine Dinge:
Maus, Zwerg, Küken, Fliege, Biene, Stecknadel, Briefmarke, Knopf usw.

SPIELE ZUR OPTISCHEN WAHRNEHMUNG

Viele bunte Seifenblasen

Seifenblasen üben mit ihrer optischen Erscheinung immer wieder eine große Anziehungskraft auf Kinder aus. Es macht Freude, ihnen nachzujagen, sie zu fangen oder zum Platzen zu bringen.

Die Übungsleiterin und einige Mütter oder Väter stehen in der Halle verteilt und pusten ganz viele Seifenblasen in die Luft. Die Kinder ordnen sich in Kleingruppen den „Seifenblasenquellen" zu und sind aufgefordert, sie zu fangen. Nachdem sich die erste Begeisterung gelegt hat, können zusätzliche Aufgaben gestellt werden:

1. Jedes Kind sucht sich aus der Menge der Seifenblasen **eine** aus und versucht, sie zu fangen.
2. Jeder Teilnehmer sucht sich **eine** Seifenblase aus und verfolgt sie mit den Augen. Wenn sie platzt, setzt man sich ganz schnell auf den Boden.
3. Alle Kinder und Erwachsenen verfolgen die Menge der Seifenblasen und machen die aus, die sich am längsten in der Luft hält. Wenn auch sie platzt, fliehen alle ganz schnell in eine der vier Ecken, denn der Erwachsene, der gepustet hat, versucht, jemanden aus der Gruppe zu fangen.

Tischtennisbälle

1. Alle Teilnehmer knien dicht nebeneinander im Kreis. Die Übungsleiterin schüttet eine Schüssel mit vielen Tischtennisbällen im Kreis aus. Diese dürfen erst eingesammelt werden, wenn sich kein Bällchen mehr bewegt. Voraussetzung dafür, dass überhaupt einmal eingesammelt werden kann, ist, dass niemand einen Ball, der bis dicht an ihn heranrollt, wieder anschubst.

2. Zwei Kinder bekommen einen Tischtennisball in die Hand. Sie rollen ihn in die Menge der gerade ausgeschütteten Bälle, verfolgen „ihren" Ball dann mit den Augen und holen ihn, wenn alle Bälle ruhig liegen. Alle anderen Teilnehmer im Kreis können mitverfolgen, ob die beiden Kinder ihre Aufgabe richtig gelöst haben.

Wo ist mein Haus?

In der Halle werden viele Reifen verteilt und jedes Eltern-Kind-Paar sucht sich einen davon als „Wohnung" aus. Es merkt sich genau den Platz, an dem sein Reifen liegt, kann sich frei im Raum bewegen und findet dennoch immer wieder nach Hause zurück.

Etwas schwerer wird die Aufgabe, wenn verlangt wird, dass sich die Eltern und Kinder nach einer Laufphase vor, neben, hinter, über oder auf das Haus stellen (hocken, setzen usw.) und die Übungsleiterin noch dazu ihren Standort in der Halle verändert, denn „vor" oder „hinter" steht immer in Bezug zu ihr.

Eine weitere Schwierigkeit bei der Orientierung im Raum kommt hinzu, wenn zu dem Wohnhaus noch ein Ferienhaus (zweiter Reifen) oder sogar noch ein Wohnwagen (dritter Reifen) hinzukommt und man sich einmal hier und dann wieder dort einfinden soll.

SPIELE ZUR TAKTILEN WAHRNEHMUNG

Verschiedene Bälle

In einem Reifen liegen für jede Familie einige unterschiedliche Bälle. Zuerst prüfen wir die Beschaffenheit dieser Bälle: Wie fühlen sie sich an? Sind sie schwer oder leicht, rau oder glatt, warm oder kalt? Die Erwachsenen benennen die Bälle, erklären den Medizinball, den Gymnastikball, den Tennisball, den Tischtennisball usw.

Nachdem die Begrifflichkeiten geklärt sind, bittet die Mami oder der Papi das Kind, einen bestimmten Ball mit geschlossenen Augen auszuwählen. Dieser wird entweder mit seinem Namen oder seiner Oberflächenbeschaffenheit erklärt.

Suchspiel

In einem Karton, der an einer Hallenwand steht, befinden sich viele kleine Gegenstände, die den Kindern bekannt sind. Zum Beispiel: ein Korken, ein Flaschenöffner, ein Radiergummi, eine Kugel, ein Teelöffel, eine Wäscheklammer usw.

Zu jedem Teil im Karton liegt ein Doppel unter einem großen Bettlaken.

Die Eltern laufen nun zum Karton, wählen ein Teil aus und nehmen es mit zurück zum Bettlaken. Hier versuchen die Kinder, durch Tasten das gleiche Teil unter dem Bettlaken zu erkennen und anschließend hervorzuholen.

Dann wird das Teil zurückgebracht und das Spiel mit vertauschten Rollen neu begonnen.

SPIELE ZUR KINÄSTHETISCHEN WAHRNEHMUNG

Tiefkühlkost

Eltern und Kinder bewegen sich zur Musik frei im Raum. Sobald die Musik abgestellt wird, sind alle eingefroren. Sie bleiben in der Position, in der sie sich gerade befinden, stehen und halten die Körperspannung so lange bei, bis die Musik wieder einsetzt. Hin und wieder überprüft die Übungsleiterin, ob die Tiefkühlkost auch wirklich steinhart gefroren ist.

Variation: Bei Musikstopp werden abwechselnd unterschiedliche Begriffe genannt, die dann von den Eltern und Kindern umgesetzt werden.
Beispiele: starker Mann (Körperspannung), Gummipuppe (Entspannung), Storch (Einbeinstand).

Die Luftmatratze

Die Kinder liegen am Boden und stellen sich vor, eine Luftmatratze mit mehreren Ventilen zu sein, die sich beim Aufblasen durch die Mami oder den Papi mit Luft füllt. Es wird also eine Körperspannung aufgebaut, die kurze Zeit beibehalten werden soll. Der Erwachsene prüft, ob alle Teile der Matratze aufgepumpt (fest und gespannt) sind. Danach ziehen die Eltern nacheinander die Stöpsel heraus, die Luft kann langsam entweichen, bis alle Körperteile völlig entspannt sind (prüfen).

Die Maus und der Kornsack

In der Mühle stehen viele Getreidesäcke, die prall mit Körnern gefüllt sind (Eltern oder Kinder stehen mit Körperspannung auf einer Matte). Leider gibt es hier auch viele kleine Mäuse, die die Säcke anknabbern, um an die leckere Mahlzeit heranzukommen. Nach und nach kullern immer mehr Körner aus dem Sack heraus, sodass er langsam in sich zusammenfällt.

WAHRNEHMUNGSFÖRDERUNG

Du bist ein Luftballon

Die Übungsleiterin hält einen unaufgeblasenen Luftballon in der Hand und fordert Eltern und Kinder auf, sich genauso wie der Luftballon zu verhalten (alle Teilnehmer liegen am Anfang völlig entspannt auf dem Boden).

Nun bläst sie etwas Luft in den Ballon und er wird ein wenig größer. Bei immer mehr Luft schwillt er an, wird prall und seine Haut spannt sich. Wird aber wieder etwas Luft aus dem Ballon herausgelassen, so fällt er langsam in sich zusammen. Zum Schluss lässt die Übungsleiterin den dick aufgeblasenen Luftballon los, sodass er zischt und wild umherflattert.

DER WAHRNEHMUNGSGARTEN

Im Garten der Wahrnehmungen gibt es viele Beete, die in beliebiger Reihenfolge von den Eltern und Kindern aufgesucht werden können. Die Verweildauer ist nicht vorgegeben und jeder kann sich so lange mit der jeweiligen Aufgabe beschäftigen, wie er dies möchte.

Station 1:

Material: Je zwei mit unterschiedlichen Materialien, wie z. B. Mehl, Schmierseife, Zucker, Wasser, Reis, Erbsen, Knöpfe usw. gefüllte Luftballons.

Aufgabe: Die Eltern wählen einen Luftballon aus der Sammlung aus und geben ihn dem Kind. Dieses versucht, den „Zwillingsbruder" zu finden (taktile Wahrnehmung).

Station 2:

Material: Leere Filmdosen werden mit unterschiedlichen Materialien gefüllt, je zwei sind gleich.

Aufgabe: Die Eltern wählen ein Döschen aus, geben es dem Kind und dieses versucht, wie beim „Memory", durch Schütteln die dazugehörige Dose mithilfe des Gehörs herauszufinden (akustische Wahrnehmung).

Station 3:

Material: Ein Säckchen, in dem sich unterschiedliche Gegenstände aus dem Haushalt oder aus der Spielkiste befinden.

Aufgabe: Eltern und Kinder versuchen, alle Teile durch Tasten und Befühlen von außen zu erkennen. Es darf erst dann in den Tastsack hineingeschaut werden, wenn das Erkennen durch Tasten absolut nicht gelingen will (taktile Wahrnehmung).

Station 4:

Material: Eine Turnmatte, ein Bohnensäckchen und einige Bierdeckel.

Aufgabe: Das Kind liegt bäuchlings auf der Matte. Die Mami oder der Papi belegen nacheinander einzelne Körperteile mit dem Bohnensäckchen oder (höhere Anforderung) mit einigen Bierdeckeln. Das Kind benennt oder zeigt den Körperteil, auf dem das „Gewicht" liegt (Körperwahrnehmung).

Station 5:

Material: Ein „Geräuschmacher", wie z. B. Kurzzeitwecker, Triangel oder Trillerpfeife.

Aufgabe: Das Kind hält seine Augen geschlossen. Der Erwachsene versteckt sich mit dem Klanggerät und erzeugt damit aus dem Versteck ein Geräusch. Das Kind soll Mami oder Papi suchen (akustische Wahrnehmung).

Station 6:

Material: Zwei Sätze mit vielen unterschiedlichen Gegenständen, ein großes Tuch. Ein Satz wird unter dem Tuch versteckt.

Aufgabe: Mami oder Papi sucht einen der offen liegenden Gegenstände aus und bitten das Kind, das Doppel unter dem Tuch durch Tasten und Fühlen herauszufinden (taktile Wahrnehmung).

Station 7:

Material: Ohne.

Aufgabe: Der Erwachsene steht in einer selbst gewählten Pose, das Kind schaut sich Mami oder Papi genau an und schließt danach die Augen oder wendet sich ab. Nun verändert der Erwachsene eine Kleinigkeit in seiner Haltung, das Kind soll diese Veränderung erkennen (optische Wahrnehmung).

Station 8:

Material: Ein kleiner Hindernisparcours mit Matte, kleinem Kasten, Langbank und aufgestelltem Kasteninnenteil.

Aufgabe: Das Kind schließt die Augen und wird blind von den Eltern über die Hindernisse geführt (Körperwahrnehmung, Förderung des Gleichgewichts).

Station 9:

Material: Eine Auswahl von Materialien mit unterschiedlicher Oberflächenbeschaffenheit, wie z. B. Fell, Seidentuch, Bürste, Schmirgelpapier, Pinsel, Watte, Feder, Topfkratzer.

Aufgabe: Nach eingehender Betrachtung und intensivem Befühlen der einzelnen Materialien legt sich das Kind auf den Bauch. Der Erwachsene streicht mit den Gegenständen über nackte Körperteile und das Kind beschreibt die Beschaffenheit des jeweiligen Gegenstandes (weich, hart, rau ...) und benennt ihn möglicherweise (taktile Wahrnehmung).

Station 10:

Material: Ein Fernglas, eventuell eine Bank und ein kleiner Kasten.

Aufgabe: Das Fernglas wird verkehrt herum gehalten. Mit der dadurch erschwerten Orientierungsfähigkeit soll auf einer farbigen Linie oder über einzelne Hindernisse gegangen werden (optische Wahrnehmung, Förderung des Gleichgewichts).

ERLEBNISREISE DURCH DEN KÖRPER

Entspannungsmusik einsetzen

Heute werden wir etwas ganz Besonderes erleben! Wir fahren mit einem Heißluftballon los und werden auf unserer Reise einige fremde Länder besuchen, in denen bisher nur ganz wenige Menschen gewesen sind. Damit niemand hoch oben in der Luft aus dem Korb, der unten am Heißluftballon hängt, herausfallen kann, legen wir uns alle flach auf den Boden. Wenn alle gut untergebracht sind, werden wir ganz still und schon bald können wir spüren, wie sich der Ballon in die Luft erhebt. Er steigt immer höher und höher, fast stößt er schon an den Wolken an.

Hier oben ist es ganz still, kein Geräusch ist zu hören. Es ist ein eindrucksvolles Gefühl, so lautlos durch die Luft zu gleiten. Wenn wir unsere Augen schließen, können wir das wunderbare Erlebnis noch besser genießen. Eine entspannende Musik wird uns während unserer Fahrt begleiten.

Bevor wir an unseren verschiedenen Zielen ankommen, müsst ihr wissen, dass wir dort auf sehr merkwürdige Lebewesen treffen werden. Sie sind nicht gefährlich, aber sie mögen keine Personen, die sich anders benehmen als sie selbst. Deshalb passen wir uns natürlich der jeweiligen Gemeinschaft an.

1. Unser erster Besuch wird im Land der Riesen sein. Stellt euch darauf ein und spürt, wie eure Beine wachsen und die Arme länger und länger werden. Wenn die Musik verstummt, werden wir landen, wir stehen auf, verlassen unseren Heißluftballon und wandern im Riesenland umher. Wir sind beeindruckt von den großen Wesen, die hier wohnen und schauen sie uns genau an. Wenn wir einen anderen Riesen treffen, lächeln wir ihm freundlich zu.
   Die Musik ruft uns wieder in den Heißluftballon zurück, unser Besuch im Land der Riesen ist beendet.

2. Wir legen uns wieder hin und fliegen weiter. Die nächste Landung wird im Land der Zwerge sein.
   Sie sind nur so groß wie unsere Daumen. Stellt euch darauf ein. Spürt, wie auch ihr zu schrumpfen beginnt. Bald fühlt ihr euch genauso klein wie die Zwerge.
   Im Zwergenland will jeder der Kleinste sein. Vergleicht euch mit den anderen Zwergen und findet heraus, wer der Winzigste in eurer Gruppe ist.

3. Unsere Fahrt geht weiter. Wir bereiten uns auf unsere nächste Landung vor, die im Land der Langsamkeit sein wird. Fühlt in euch, wie alles langsamer wird. In euren Gedanken bewegen sich die Hände, Arme, Beine und Augen unmerklich.
Steigt nun aus und bewegt euch im Land der Langsamkeit. Begrüßt andere Wesen, die euch begegnen, mit einem langsamen Händedruck. Achtet darauf, wann die Musik zum Weiterflug wieder einsetzt.

4. Wir nähern uns unserem nächsten Ziel. Wir werden das Land der starken Kerle besuchen. Ganz automatisch spürt ihr, wie eure Muskeln stark werden.
Die starken Kerle gehen immer aneinander vorbei und zeigen sich ihre starken Muskeln mit angewinkelten Armen. Manchmal brüllen sie auch beängstigend laut dabei.

5. Puh, stark sein ist anstrengend! Lasst uns endlich weiterfahren, denn es erwartet uns noch ein Land, und zwar wohnen dort die kraftlosen, schlaffen Wesen. Wir bereiten uns auf sie vor. Ihr spürt, wie die Kraft aus euren Armen und Beinen, aus Hals und Rumpf entweicht und die Spannung aus den Muskeln herausfließt.
Wir landen und steigen aus. Alle Geschöpfe hier schlurfen und schleichen aneinander vorbei. Hin und wieder gelingt es jemandem, einen Arm zu heben, um einen anderen zu streicheln.
Die Schlaffis gefallen uns gar nicht und wir sind froh, dass wir dieses Land bald verlassen dürfen. Nachdem wir wieder in den Heißluftballon eingestiegen sind, hebt er ab, schwebt über Berge und Wiesen. Wir beobachten die Bewegungen der Wolken über uns und lassen uns vom Wind leicht hin- und herwiegen. Unsere erlebnisreiche Fahrt geht nun leider zu Ende, wir kommen endlich wieder zu Hause an, landen und steigen aus.

BEWEGUNGSSPIELE MIT ALLTAGSMATERIALIEN

Die Spielzeugindustrie hat uns voll im Griff. Äußerst geschickt weckt sie durch immer neue Spielzeugprogramme und begleitende Werbestrategien Bedürfnisse bei den Kindern, denen sich die Eltern kaum entziehen können. Viele Kinderzimmer gleichen beinahe einem mittelgroßen Spielwarengeschäft. Fatal ist dabei vor allem die Tatsache, dass die Kinder kaum eigene Spielideen entwickeln können, sondern von den kommerziellen Produkten „gespielt", also manipuliert werden. Eine Puppe kann nicht einfach mittels der Fantasie auf Reisen gehen, man benötigt – will man der Werbung glauben – unbedingt einen Campingwagen, einen Swimmingpool und eine Liegeterrasse, um einen perfekten Urlaub nachspielen zu können. Aber mehr Spielzeug bedeutet nicht mehr Spielfreude und mehr Spielintensität und vor allen Dingen nicht mehr Möglichkeiten, um sich mit seiner dinglichen und sozialen Umwelt auseinander zu setzen.

„Noch nie waren Kinder so **reich** an Angeboten im Konsum- und Freizeitbereich, gleichzeitig aber auch so **arm** an Möglichkeiten, sich ihrer Umwelt über ihre Sinne, ihren Körper zu bemächtigen. Ihr Tagesablauf ist häufig verplant und zerstückelt, mehr von technischen Medien bestimmt als von den Chancen, Phantasie und Eigentätigkeit entfalten zu können" (ZIMMER/Fachtagung Raesfeld 16.9.1995, Organisation Kreissportbund Borken).

Kinder können sich sehr wohl über die übliche Bestimmung alltäglicher Gegenstände hinwegsetzen, gibt man ihnen nur die Gelegenheit dazu. Schuhkartons, Joghurtbecher, Verpackungen von Obst und Gemüse, Papprollen, Zeitungen usw. wandern gedankenlos in den Müll. Dabei sind dies Materialien, die sich hervorragend dazu eignen, als Spielgeräte verwendet zu werden. Oft fehlt nur ein geschärfter Blick für die Brauchbarkeit und Verwendungsmöglichkeit eines an sich wertlosen Gegenstandes und es mangelt an Ideen, die man braucht, um damit in der Turnhalle zu agieren.

Fantasie und Kreativität sind wichtige Voraussetzungen, will man mit Alltagsmaterialien spielerisch umgehen. Die zweckfremden Einsatzmöglichkeiten müssen nach und nach entdeckt und entwickelt werden. Hilfreich kann dabei sein, wenn man durch eine einführende Geschichte gedankliche Verknüpfungen schafft oder zu passender Zeit Stichworte zuruft oder Fragen stellt und damit versucht, die Erlebniswelt der Kinder zu erschließen und die Fantasie von Eltern und Kindern zu beflügeln. Eingestimmt auf eine gemeinsame Vorstellungsebene ist dann die Verständigung zwischen Eltern und Kindern leichter möglich, man kann gemeinsam planen, spielen, bauen, verändern und erproben.

Bewegungsspiele mit Alltagsmaterialien sind überall möglich. Sie können ebenso zu Hause im Wohnbereich als auch in Bewegungsräumen von Familienbildungsstätten, Kirchen und Kindergärten umgesetzt werden und das Spielangebot erfreulich bereichern. Für ihre Verwendung sprechen viele gute Argumente:

Alltagsmaterialien
- sind Kindern und Eltern bekannt.
- fördern Kreativität und Fantasie.
- haben unterschiedliche materiale Strukturen.
- ermöglichen Bewegungsvielfalt.
- bringen Abwechslung in die Stunden.
- können von Kindern und Eltern mitgebracht werden.
- kosten so gut wie nichts.
- mit ihnen kann zu Hause weitergespielt und experimentiert werden.

Besonders bei der Beschäftigung mit diesen „unsportlichen“ Materialien muss den Familien genügend Zeit gegeben werden, um sich ohne Anleitung der Übungsleiterin aktiv und kreativ mit den Dingen auseinander zu setzen. Besonders die Erwachsenen müssen im Umgang mit sportfremdem Material Denk- und Lernprozesse durchmachen. Denn, je weiter wir uns von unserer Kindheit entfernt haben, umso schwerer fällt es, uns spielerisch und spielend mit Dingen auseinander zu setzen. Der Übungsleiterin kommt hierbei mehr die Rolle der Spielleiterin zu, die die „Erfindungen“ und Anregungen der Teilnehmer aufgreift und sie allen anderen zur Nachahmung vorschlägt.

Hinweis: Weitere Beispiele zum Spielen und Bewegen mit Alltagsmaterialien befinden sich im Kapitel „Bewegungsgeschichten“, S. 93ff.

SPIELE AUS DER MÜLLTONNE

Material: Ein Mülleimerbeutel, gefüllt mit zwei 500 g Joghurtbechern, einer Toilettenrolle, einem Kuchentablett, einem Kunststoffbehälter (für ein Pfund Obst), zwei Tischtennisbällen und einem Softball.

Jede Familie erhält eine Mülltüte (über die Gefahren, die auftreten können, wenn die Tüte über den Kopf gezogen wird, muss mit den Kindern gesprochen werden).

„Es war schon ziemlich spät gestern Abend, als es an unserer Haustür klingelte. Ich öffnete und vor mir standen zwei Männer mit einer Menge gefüllter Müllbeutel in den Händen. „Nanu", fragte ich, „was hat das denn zu bedeuten?" Daraufhin erzählten sie mir, dass sie bei der Müllabfuhr beschäftigt sind und sich seit langem Gedanken darüber machen, warum so viele Verpackungsmaterialien, mit denen Kinder hervorragend spielen könnten, in den Mülltonnen landen. Vor ein paar Tagen hatten sie nun beschlossen, eine Auswahl von Dingen zusammenzustellen, von denen sie sich vorstellen konnten, dass man sie noch gebrauchen kann, um sie dann bei mir abzuliefern.

Sie dachten sich, dass bei mir wohl die richtige Adresse für diesen „Spielmüll" sein würde. Sie drückten mir die vielen Tüten in die Hand und sagten: „Wir wünschen Ihnen viel Spaß mit dem Müll", und schon waren sie verschwunden.

Da stand ich nun ziemlich ratlos mit meinen Tüten, aber dann schoss mir eine wunderbare Idee durch den Kopf: Ich nehme die Gegenstände einfach mit in die Turnhalle und dann können alle Eltern und Kinder testen, ob dieser Abfall wirklich noch zu etwas nütze ist. Und jetzt bin ich da mit diesem Müll. Ich schlage vor, dass wir zuerst einmal gemeinsam in die Tüte hineinschauen und danach einfach ausprobieren, ob euch Spiele mit den vorhandenen Dingen einfallen."

Mögliche Lösungen:

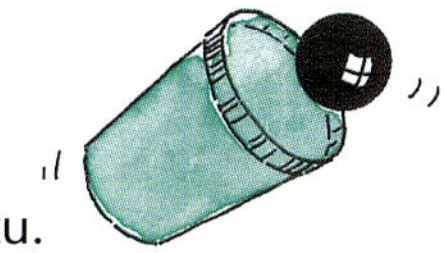

Joghurtbecher und Tischtennisball

Eltern rollen den Ball, Kinder decken ihn mit dem Becher zu.
Eltern und Kinder rollen sich den Ball mit dem Becher zu und bedecken ihn damit.
Eltern und Kinder, jeder für sich, werfen ihren Ball mit dem Becher hoch, lassen ihn aufprellen und fangen ihn mit dem Becher auf.
Eltern werfen dem Kind einen Ball aus dem Becher zu, Kinder lassen ihn aufprellen und fangen ihn dann mit dem Becher auf.

Toilettenrolle

Eltern und Kinder kullern sich die Papprolle zu.
Eltern und Kinder schauen sich durch die am Boden liegende Rolle an.
Eltern und Kinder spielen Weglaufen und Fangen. Der Fänger darf nur durch ein Fernrohr (zwei Toilettenrollen) schauen.

Toilettenrolle und Softball

Eltern und Kinder legen den Softball auf eine Toilettenrolle, gehen in die Hocke oder über Hindernisse, legen sich damit auf den Rücken oder den Bauch.

Toilettenrolle und Tischtennisball

Eltern und Kinder rollen sich einen Ball durch die Röhre zu, pusten einen Ball durch die Rolle.

Kuchentablett und Bälle

Eltern und Kinder tragen das Tablett auf der flachen Hand, auf dem Kopf, im Spinnengang auf dem Bauch.
Eltern und Kinder legen ihre Bälle auf das Tablett und balancieren es auf unterschiedlichen Körperteilen.
Eltern und Kind spielen sich mit dem Tablettschläger einen Tischtennisball zu (schieben oder schlagen).

Kunststoffbehälter

Eltern und Kinder laufen um alle Behälter herum, springen über sie hinweg.
Eltern und Kinder klopfen auf die am Boden liegenden Behälter.
Eltern und Kinder schieben abwechselnd den Behälter mit dem Kopf vorwärts.
Kinder setzen beide Hände in den Behälter, Eltern schieben sie als Schubkarre vorwärts.
Kinder ziehen den Behälter als Schuh an und rutschen durch den Raum.

Kunststoffbehälter und Bälle

Eltern und Kinder zielen mit den Bällen in die Behälter.
Alle Eltern und Kinder bauen aus den Behältern eine Mauer und zielen mit den Tischtennisbällen durch die Lücken (aus der Hocke, der Bauchlage).

Mülleimerbeutel

Eltern füllen die Beutel mit Luft und knoten sie zu. Danach spielen sie mit ihren Kindern Werfen und Fangen oder Fußball.
Eltern und Kinder tragen den Müllbeutelball gemeinsam, ohne die Hände zu benutzen. Mit welchen Körperteilen ist dies möglich?
Zwei Kinder halten sich die „Bälle" vor den Bauch und spielen „Prellbock".

Alle Materialien

Eltern und Kinder bauen aus möglichst vielen Dingen gemeinsam ein hohes Bauwerk. Anschließend versuchen die Kinder, den Turm mit den Softbällen zum Einsturz zu bringen.

„Zum Schluss wollen wir den gesamten Müll wieder einsammeln und alle Dinge, die noch heil sind, für eine weitere Turnstunde aufbewahren. Keiner von uns hätte wohl gedacht, dass man mit Abfall so schön spielen kann. Wenn ich die Müllmänner wieder treffe, werde ich ihnen von unserer wunderschönen Stunde und den tollen Ideen, die die Eltern und Kinder hatten, erzählen."

DIE WOLLDECKE

(auch mit Bettlaken spielbar)

Wolldecken gibt es sicher in jeder Familie, zur Not kann man sich bei einer Oma oder Tante ein weniger wertvolles Exemplar ausleihen. Decken eignen sich besonders gut zur Arbeit in kleinen Gruppen.

Die Kutsche

Ein Kind liegt mit dem Bauch oder Rücken auf der Wolldecke, zwei Erwachsene fassen je einen Zipfel und ziehen das Kind langsam durch den Raum, nach einer großen Runde kommt das zweite Kind an die Reihe. Später können die Kinder knien oder in der tiefen Hocke sitzen, außerdem kann die Fahrgeschwindigkeit erhöht werden.

Das Karussell

Die Kinder liegen auf der Decke, die Erwachsenen ziehen sie auf engem Raum im Kreis herum.

Die Schaukel

Jeder Erwachsene nimmt zwei Zipfel fest in die Hand. Ein Kind liegt in der Wolldecke und wird hin- und hergeschaukelt. Nach einer kurzen Erholungszeit für die Eltern kommt das zweite Kind an die Reihe. (Darauf achten, dass die Decken hoch genug gehalten werden, damit die Kinder nicht mit dem Rücken auf der Erde aufschlagen!)

Die Schildkröte

Zwei Eltern und ihre Kinder verkriechen sich unter der Wolldecke, nur noch der Kopf schaut heraus. Wie eine Schildkröte bewegt sich das große Tier durch den Raum.

Gespenster

Mutige Kinder bewegen sich aufrecht oder auf allen vieren unter der Wolldecke durch den Raum. Alle anderen Teilnehmer dürfen raten, wer unter welcher Decke steckt. Können die Kinder auch ihre Eltern wiederfinden, wenn sie wie Gespenster aussehen?

Verstecken

Alle Decken liegen ausgebreitet auf dem Boden. Die Eltern halten sich die Augen zu, während die Kinder sich unter einer x-beliebigen Wolldecke verstecken. Auf ein Zeichen der Übungsleiterin beginnen die Erwachsenen, ihre Kinder durch Tasten von außen zu erkennen. Unter den Decken können nicht nur Personen, sondern auch Gegenstände versteckt werden. Jeder Familie wird ein Artikel zugeordnet (Familie A bekommt ein Bohnensäckchen, Familie B einen Turnschuh, Familie C ein mitgebrachtes Schmusetier usw.). Zuerst dürfen die Kinder ihren Gegenstand unter irgendeiner Decke verstecken und die Erwachsenen müssen suchen, ohne unter die Decken zu schauen. Anschließend verstecken die Erwachsenen für die Kinder.

Das Regendach

Jeweils zwei Erwachsene halten eine Decke wie ein Dach. Die Kinder rennen unter allen Decken kreuz und quer durch die Halle. Auf den Ruf der Übungsleiterin oder eines Teilnehmers: „Es regnet!", flüchten alle Kinder, so schnell wie möglich, unter ihr eigenes oder irgendein anderes Dach und werden, wenn sie es mögen, zugedeckt.

Der Ball auf dem Dach

Die Decke wird von zwei Erwachsenen dicht über den Köpfen der Kinder stramm gehalten. Auf ihr liegt ein Gymnastikball, der eine sichtbare Beule hinterlässt. Die Kinder stehen unter der Decke und boxen so lange von unten gegen den Ball, bis er vom Dach herunterfällt.

Der große Schirm

An jedem Zipfel wird die Decke von einem Erwachsenen gefasst. Alle anderen Teilnehmer verschwinden unter dem großen Schirm, der nun vor-

wärts oder seitwärts getragen wird. Mal schwebt er hoch oben, die Eltern und Kinder können aufrecht gehen, mal sehr niedrig, sodass sie nur krabbeln können.

Die Deckenschleuder

Einige weiche, leichte Dinge (Softbälle, Luftballons, Schmusetiere u. Ä.) liegen auf der Wolldecke. Eltern und Kinder fassen am Rand an und bewegen die Decke so fest auf und ab, dass die Dinge herunterfliegen oder sie dosieren die Bewegungen so, dass die Teile zwar hochhüpfen, aber nicht herunterfallen.

Hände und Füße erkennen

Einige Wolldecken werden so über Barrenholme gelegt oder über eine Leine gehängt, dass man zwar die Kinder nicht erkennen, wohl aber ihre ausgestreckten Hände sehen kann. Die Kinder stehen auf der einen Seite hinter den Decken und recken die Hände hoch. Die Eltern auf der anderen Seite sollen ihre Kinder an den Händen erkennen. Das gleiche Spiel mit den Füßen ist nur dann interessant, wenn diese nackt sind und man die Kinder nicht an den Turnschuhen erkennen kann. Wenn die Erwachsenen in die Hocke gehen, ist dieses Spiel auch mit vertauschten Rollen möglich.

GEMÜSEKARTONS

Allerlei Obst- und Gemüsesorten kommen in handlichen, stabilen Pappkartons in die Supermärkte. Diese Kartons sind ziemlich flach, etwa 60 x 40 cm groß und oft noch mit seitlichen Eingrifflöchern versehen. Sie kosten nichts und stehen mitnahmebereit in den Geschäften herum. Natürlich muss die Übungsleiterin nicht den ganzen Bedarf für die Gruppe herbeischleppen, Eltern und Kinder werden schon an der Beschaffung des notwendigen

„Turnmaterials" beteiligt, jede Familie sorgt selbstverantwortlich für ihren Karton. (Für die vergesslichen und neuen Teilnehmer halten wir vorsorglich einige Kisten bereit.) Zur Erweiterung der Spielmöglichkeiten werden noch Seile, Bohnensäckchen und Bauklötze bereitgestellt.

„Ganz ungewöhnliche Sportgeräte haben wir heute zusammengetragen. Findet ihr es nicht auch ziemlich langweilig, einfallslos und schade, dass man so wunderschöne Kartons nur zum Verpacken von Obst und Gemüse benutzt und sie anschließend im Müll landen? Ich kann mir eine Menge lustiger Dinge vorstellen, die man damit anstellen kann und ihr doch sicherlich auch!"

Mögliche Lösungen zu verschiedenen Stichworten:

Alle Kartons sind Hindernisse ...

(Kartons liegen flach am Boden oder stehen auf einer Seitenkante.)
Eltern und Kinder laufen um alle Kartons herum.
Eltern und Kinder übersteigen, überspringen ihren eigenen und auch andere Kartons.
Eltern und Kinder steigen in die Kartons hinein, hüpfen wieder heraus.
Eltern und Kinder schieben sich die Kartons mit den Händen/den Füßen zu.
Eltern und Kinder stapeln mehrere Kartons zu Türmen aufeinander und überwinden sie allein oder mithilfe eines Erwachsenen.

Alle Kartons werden zu Pflastersteinen ...

Alle Eltern und Kinder legen aus den umgedrehten Kartons einen langen Pfad und gehen darauf vorwärts/rückwärts.
Alle Eltern und Kinder hüpfen seitwärts oder mit Hockwenden über den Pfad.

Jede Familie hat ein Fahrzeug ...

Kinder setzen sich in den Karton und werden von den Eltern gezogen oder geschoben.

Eltern knoten ein Seil in ein Griffloch. Kinder lassen sich, im Karton sitzend oder hockend, ziehen.
Kinder laden Baumaterial in den Karton, ziehen ihn zu einer Abladestelle, leeren ihn aus und kehren zum Bauhof zurück.

Eignen sich die Kartons auch als Kleidungsstücke?

Eltern und Kinder tragen die Kartons als Hut über dem Kopf oder als Rucksack auf dem Rücken.
Eltern und Kinder haben mit zwei Kartons ein Paar neue Schuhe.

Wer mag schaukeln?

Kinder sitzen im Karton, ein oder zwei Erwachsene heben den Karton hoch und schaukeln ihn hin und her, rauf und runter.

Kann man mit den Kartons auch Krach machen?

Eltern und Kinder trommeln oder patschen auf die Bodenflächen der umgedrehten Kartons, dazu können Sprechreime gesprochen oder Kinderlieder gesungen werden.

Wir bauen uns Höhlen

Zum Abschluss können durch das gemeinsame Bauen mit allen zur Verfügung stehenden Kartons mehrere Höhlen entstehen, durch die alle Kinder hindurchkriechen oder in denen sie sich vor ihren Eltern verstecken können.

BOHNENSÄCKCHEN

Bohnensäckchen lassen sich aus Stoffresten leicht selbst nähen. Sie sind etwa 10 x 15 cm groß und werden mit Bohnen, Erbsen, Reis oder Mais gefüllt. Bessere Füllmaterialien sind allerdings Granulat oder Kirschkerne, da beide nicht aufquellen und deshalb waschbar sind.

Diese Kissen sind besonders gut für Kleinstkinder geeignet, da sie flexibel und gut zu greifen sind, sie rollen nicht weg und sind nach der Flugbahn leicht erreichbar.

Viele Säckchen liegen verteilt in der Halle

Eltern und Kinder laufen um alle Säckchen herum, springen über sie hinweg.
Eltern und Kinder schubsen die Säckchen mit den Händen/Füßen durch den Raum.
Eltern und Kinder laufen durch die Halle, immer, wenn sie an einem Säckchen vorbeikommen, heben sie es auf und werfen es, so weit/so hoch sie können.

Eltern und Kinder spielen mit zwei Säckchen

Werfen und Fangen.

Eltern werfen das Säckchen weit weg, Kinder holen es zurück (Rollentausch).

Kinder werfen das Säckchen rückwärts durch die gegrätschten Beine, Eltern holen es zurück (Rollentausch).

Eltern und Kinder versuchen, mit dem Säckchen Ziele zu treffen.

Eltern werfen ihren Kindern die Säckchen so zu, dass diese sie fangen können.

Eltern und Kinder werfen ein Säckchen hoch und fangen es mit den Händen/einem Körperteil auf.

Eltern und Kinder werfen das Säckchen aus der Bauchlage und kriechen dann hinterher.

Eltern und Kinder versuchen, die Säckchen mit den Füßen zu werfen.

Eltern und Kinder greifen die Säckchen mit den Zehen und reichen sie sich gegenseitig zu.

Die Rutschpartie

Eltern und Kinder versuchen, das Säckchen auf viele verschiedene Arten rutschen zu lassen (hin und her, durch die gegrätschten Beine).

Transporte

Eltern und Kinder transportieren ein Säckchen auf allen möglichen Körperteilen (z. B. auf dem Kopf, der Schulter, dem Rücken, dem Bauch, dem Fuß).
Eltern und Kinder versuchen, sich mit dem Säckchen auf dem Kopf hinzusetzen/hinzulegen.
Eltern und Kinder klemmen ein Säckchen zwischen die Knie und hüpfen damit vorwärts/rückwärts/im Kreis herum.

Verstecken

Eltern und Kinder decken ein Säckchen mit ihren Händen/Füßen vollständig zu.
Eltern legen sich fest mit dem Rücken auf die Säckchen – Kinder versuchen, sie herauszuziehen (Rollentausch).
Eltern verstecken beide Säckchen in ihrer Kleidung – Kinder suchen die Säckchen (Rollentausch).
Kinder verstecken die Säckchen im Raum, Eltern suchen sie (Rollentausch).

Alle Teilnehmer mit allen Säckchen

Die Straßenbauer

Alle bauen gemeinsam mit den Säckchen Straßenzüge, sie gehen, laufen, springen in den Straßen und balancieren auf den „Bordsteinkanten“.

Einzelne Kinder werden mit möglichst vielen Säckchen beladen und transportieren sie zu einer bestimmten Stelle, dort werden sie auf andere Kinder umgeladen und weitertransportiert.

Wir bewachen einen Schatz

Eltern sitzen nebeneinander im Kreis und bewachen einen Schatz, der in der Mitte des Kreises liegt. Die Kinder schleichen sich vorsichtig an und versuchen, Teile des Schatzes zu stehlen. Gelingt dies, verfolgen die Eltern die „Diebe“ und jagen ihnen die Beute wieder ab.

Die Verfolgungsjagd

Die Übungsleiterin oder ein Erwachsener läuft mit einem Eimer durch die Halle. Die Kinder laufen hinterher und versuchen, ihr Säckchen im Eimer unterzubringen.

KOMM MIT INS LAND DER FANTASIE

DIE BEDEUTUNG VON FANTASIE FÜR KINDER

Die Entwicklungsbedingungen der Kinder haben sich in den letzten Jahren in vielerlei Hinsicht entscheidend verändert. Während auf der einen Seite Entwicklungsanregungen vermittelt werden, die Kinder schon frühzeitig an eine Fülle **abstrakter Wissensinhalte** heranführen, ist andererseits der Handlungsraum, in dem **konkrete Umwelterfahrungen** erworben werden, deutlich enger geworden. Es entsteht dabei eine breite Kluft zwischen konkreten Handlungserfahrungen und nicht einzuordnenden Erkenntnissen.

Für Kinder vollzieht sich die Erschließung der Wirklichkeit, d. h. die Auseinandersetzung mit der Umwelt, der Erwerb konkreter Erfahrungen über Gegenstände und Themen der Umwelt weit gehend im Spiel. Im Spiel setzen Kinder sich mit dem, was ihnen wichtig ist, was sie interessiert und sie fasziniert, was sie erlebt und erlitten haben, auseinander. Sie vollziehen die Themen, mit denen sich ihre Vorstellung beschäftigt, handelnd im Rollenspiel nach.

Diese Themen, die für Kinder Bedeutung haben, sind für sie sinnvoll und bestimmen ihre Lebenswirklichkeit. Durch die Übertragung ins Spiel wird diese Wirklichkeit durchlebt oder, bei nicht konkret erfahrbaren Themen wie zum Beispiel einer Expedition ins All, erfahrbar.

Wenn auch die Spielformen der Kinder mit der Alltagsrealität nicht immer übereinstimmen, so ist doch alles, was im Spiel geschieht – zumindest zum Zeitpunkt des Spiels – für die Kinder real. Hier agieren die Kinder zwar auf der Ebene der Scheinwirklichkeit, das gemeinsame Handeln miteinander ist jedoch ein real stattfindender Prozess, in dem die Kinder eine Fülle von Lernerfahrungen machen. Sie probieren die „Wirklichkeit" angstfrei aus, testen eigene Handlungsweisen, geben ihren Gefühlen Ausdruck und erfahren die Reaktionen anderer auf sich.

Was hat dies alles mit Fantasie zu tun?

Die Fantasiewelt des Kindes ist zugleich seine Bewegungswelt, denn das Kind drückt seine Gefühle, Wünsche und Vorstellungen vor allem mittels spielerischer Bewegung aus.

In Fantasiespielen arbeitet es Erlebnisse auf und setzt sich, wie bereits erwähnt, mit seiner Umwelt auseinander. Leider geschieht dies im Zeitalter der Medien und dem unkontrollierten Konsum von TV-Sendungen immer seltener. Kinder werden zu Konsumenten, sie spielen unbewältigte Probleme nicht mehr nach, sondern werden fremdbestimmt.

Hier stimmt die Tatsache besonders nachdenklich, dass sie auf das „Was" keinen Einfluss haben. Sie werden mit immer neuen Dingen konfrontiert, ohne selbst je ähnliche Erfahrungen gemacht zu haben und es gibt kaum eine Chance zur Aufarbeitung.

Einen Anschub zum fantasievollen Spielen können wir den Kindern in unseren Turnstunden geben, in denen wir ihnen Beispiele geben und sie durch das Erzählen von Geschichten zu fantasievollem Beschäftigen mit dem Körper und Materialien anregen. Beiträge, Einwände und Anregungen der Kinder werden ernst genommen und in die Geschichte eingeflochten.

Gibt es fantasielose Übungsleiterinnen?

Leider ist die Fantasie bei vielen Erwachsenen verschüttet, wir haben sie wegen der realen Anforderungen, die immer wieder an uns gestellt werden, beiseite geschoben. Manch einer mag sagen, ich kann keine Geschichten erzählen, mir fehlt dazu jegliches Talent. Aber glücklicherweise sind Fantasie und Kreativität keine angeborenen Fähigkeiten, sondern auch noch im Erwachsenenalter erlernbar. Und oft ist es nur der mangelnde Mut, der uns am Erzählen hindert.

Die Übungsleiterin soll sich daher zunächst darum bemühen, ihre Hemmungen zurückzustellen, um ihre eigenen Ausdrucks- und Kommunikationsmöglichkeiten kennen zu lernen. Dabei sind Körpersprache, Mimik, Gestik im Umgang miteinander ebenso wichtig wie die Sprache und werden viel zu oft unterschätzt.

MIT FANTASIE ZUR BEWEGUNGSGESCHICHTE

Nach Bewegungsgeschichten zu turnen, ist ebenso einfach, wie es das Wort umschreibt: Die Übungsleiterin erzählt eine Geschichte und die Gruppe setzt diese in Bewegung um. Dabei macht es keinen Unterschied, ob man mit oder ohne Kleingerät agiert, ob man seinen Körper, eine leere Keksdose oder einen Gymnastikball als Gerät einsetzt.

Spielt und turnt man ohne Kleingeräte, so nimmt die Person entsprechend dem Fortgang der Geschichte unterschiedliche Rollen an. Man wird nacheinander zu einem Hund, einem rollenden Baumstamm, einem Krabbelkäfer oder einem Auto. Werden in der Bewegungsgeschichte allerdings Materialien eingesetzt, dann verwendet man diese in den meisten Fällen als Ersatz für Gegenstände, die in der Geschichte vorkommen. So können Seile einmal stellvertretend für mehrere Treppenstufen auf dem Boden liegen, später verwandeln sie sich in einen Zebrastreifen oder in die Sitzplätze eines Karussells, eine Zeitung kann nacheinander ein schwerer Koffer, ein dicker Stein, ein Ruderboot und ein Fächer sein.

Grundsätzlich sollte die Erzählerin darauf achten, dass die Themen einer Bewegungsgeschichte auf dem Erfahrungs- und Erlebnisbereich der Kinder basieren, denn diese können nur das aus ihrer Fantasie mit Bewegung und Leben füllen, was sie entweder selbst erlebt haben oder sich vorstellen können. Berücksichtigt man diesen Grundsatz, so wird es auch gelingen, die Kinder am Fortgang der Geschichte gedanklich zu beteiligen. Sie machen dann selbst Vorschläge und bringen ihre Erlebnisse und Ideen mit ein. Alle Beiträge der Kinder sollten in die Geschichte mit einfließen, denn für das Selbstvertrauen und das Selbstwertgefühl der Kinder ist es wichtig, dass ihre Vorschläge ernst genommen und sie immer wieder ermutigt werden, eine Geschichte mitzugestalten und weiterzuentwickeln.

Kinder können mittels ihrer Fantasie in unterschiedliche Rollen schlüpfen und sich unerlaubte (selbst ein Auto lenken) oder unerreichbare Wünsche (stark sein wie ein Löwe) erfüllen und Spannungen abbauen. Die Übungsleiterin regt durch den Inhalt der Geschichte und ihre lebendige Art, diese Geschichte zu erzählen, Eltern und Kinder dazu an, die Handlung in Bewegung umzusetzen. Gedanklich gehen dabei Eltern und Kinder mit ihr auf die Reise, erleben ganz individuell die Handlung der Geschichte und spielen sie ganzheitlich mit. Dabei sind alle Beteiligten mit ihren Sinnen, Gefühlen und Gedanken sowie mit ihrem Körper bei der Sache.

Ein individuelles Erleben zieht eine persönliche Umsetzung nach sich und bewirkt somit innerhalb einer Gruppe unterschiedliche Lösungen. Diese Lösungen sind im subjektiven Empfinden der Teilnehmer richtig, es gibt keinen Anlass, sie zu vereinheitlichen oder zu korrigieren.

Ein- bis zweijährige Kinder werden mit der Methode *Bewegungsgeschichte* zwangsläufig scheitern, sie sind nämlich noch nicht in der Lage, aus der Fantasie Bewegungsvorstellungen zu entwickeln und diese in konkrete Bewegungsabläufe umzusetzen (eine Katze und ein Hund bewegen sich auf vier Beinen und unterscheiden sich noch nicht im Bewegungsablauf). Um aber auch die kleinen Kinder in das Reich der Fantasie zu entführen, sie mit Geschichten durch ihre Turnstunde zu begleiten, kombinieren wir hier eine Bewegungsgeschichte mit dem jeweiligen Anfügen von Bewegungsanweisungen, Bewegungsaufgaben oder der Methode *„Vormachen-Nachmachen"*. Das Vorbild der Eltern erhält dabei eine entscheidende Bedeutung. Sie können ihre Kinder motivieren und durch eigene Aktivitäten oder verbale Aufforderungen dazu ermuntern, die verschiedenen Rollen der Geschichte zu übernehmen und in Bewegung umzusetzen (vgl. „Der kleine Hund", S. 95 und „Pauline und ihre Tiere", S. 97).

Die didaktischen Handlungsprinzipien (s. S. 19ff.) als wichtige Grundlagen für das Eltern-Kind-Turnen können durch Bewegungsgeschichten in idealer Weise umgesetzt werden, denn

- sie sind offen für gemeinsame und kooperative Weiterentwicklung.
- sie haben einen hohen Aufforderungscharakter.
- sie werden von den Teilnehmern nur insoweit nachvollzogen, wie diese es können und möchten.
- sie kommen ohne Vorschriften und Leistungserwartungen aus.
- sie lassen Eltern und Kinder ausreichenden Entscheidungsspielraum.
- sie schaffen Freiräume für Eigeninitiative.

Anmerkung:
Bei den nachfolgenden Bewegungsgeschichten ist meist die angedachte Umsetzung in Bewegung kursiv gedruckt. Diese Bewegungsbeschreibungen sollen als Anregung dienen und nicht als allein gültige Lösung verstanden werden.

BEWEGUNGSGESCHICHTEN ZUM MITSPIELEN

Der kleine Hund

Material: Für jeden Teilnehmer einen Ball.

Vor einigen Wochen haben Mama und Papa einen Hund gekauft. Er war noch sehr klein und unbeholfen und konnte nur an der kurzen Leine spazieren geführt werden. Unser Ball soll heute ein kleiner Hund sein und wir wollen einmal sehen, was er alles kann.

Eltern und Kinder rollen den Ball ganz dicht an der Hand durch den Raum. Der Ball soll nach Möglichkeit den Kontakt zur Hand nicht verlieren.

Es dauerte gar nicht lange, da konnte der kleine Hund schon eine kurze Strecke allein zurücklegen.

Eltern und Kinder rollen ihren Ball ein kleines Stück weg und holen ihn dann wieder ein.

Am meisten Spaß machte es ihm, wenn er immer zwischen der Mami und dem Kind hin- und herlaufen konnte.

Eltern und Kinder rollen sich einen oder zwei Bälle zu.

Als er etwa vier Wochen alt war, konnte der kleine Hund schon so schnell weglaufen, dass man ihn kaum noch einfangen konnte. Er lief in alle Ecken und man musste sehr gut aufpassen, dass man ihn nicht aus den Augen verlor.

Eltern rollen einen Ball weit weg, die Kinder verfolgen ihn mit den Augen und holen ihn zurück.

Inzwischen hat er noch einiges dazugelernt: Er läuft um unsere Beine herum, ...

Eltern grätschen die Beine und bilden damit ein Tor, die Kinder rollen einen Ball um die Beine der Eltern herum und kriechen hinter ihm her.

... er läuft durch ein großes Tor, ...

Eltern und Kinder grätschen die Beine, sie kullern den Ball nach hinten durch die eigenen Beine oder die Kinder rollen ihren Ball durch die Beine von Mami oder Papi und holen ihn wieder.

... und er kann sich ganz schnell im Kreis drehen.

Eltern und Kinder drehen den Ball mit den Händen an, sodass er tanzt.

Unser kleiner Hund kann auch schon in einem weiten Satz durch die Luft fliegen ...

Eltern und Kinder werfen den Ball mit beiden Händen hoch, fast bis unter die Hallendecke.

... oder ganz weit wegspringen.

Eltern und Kinder nehmen den Ball mit beiden Händen hoch bis zum Kopf und werfen ihn dann weit nach vorn.

Der kleine Hund hat es ganz besonders gern, wenn er in unsere Arme hüpfen kann. Manchmal klappt das noch nicht so gut und er fällt herunter. Deshalb müssen wir das Auffangen noch üben.

Eltern und Kinder werfen sich einen Ball zu und versuchen, ihn aufzufangen.

Wenn ganz viele kleine Hunde mit ihren Herrchen und Frauchen zusammenkommen und beschützt werden, dann können sie durch einen großen Kreis laufen. Wir wollen nun einmal sehen, wie das geht.

Eltern und Kinder knien dicht nebeneinander auf der Kreislinie. Alle Bälle werden immer wieder kreuz und quer durch den Kreis geschubst.

Nach dem vielen Toben ist der kleine Hund ganz müde geworden und ist froh, dass er wieder in seiner Hundehütte verschwinden kann.

Kinder bringen ihren eigenen und Mamis oder Papis Ball in den Geräteschrank.

Pauline und ihre Tiere

Material: Vier Bänke. Die Bänke werden zu einem Viereck, das als Gartenmauer dienen soll, zusammengestellt.

In unserer Nachbarschaft wohnt Familie Schneider mit ihrer kleinen Tochter Pauline. Schneiders haben ganz viele Tiere, einige wohnen im Haus, die anderen im Garten und hin und wieder schauen auch einige Tiere vorbei, die aus dem nahe gelegenen Wald oder von der großen Wiese hinter ihrem Haus kommen.

Pauline liebt Tiere über alles. Am Morgen, wenn sie ausgeschlafen hat und aus ihrem Bettchen herausgekrabbelt ist, sieht sie zuerst, wie sich ihr Kätzchen Mohrle zu ihrer Mami schleicht. Es kuschelt sich ganz eng an sie und will gestreichelt werden. Schleicht ihr doch auch einmal zur Mami und kuschelt euch ganz lieb an sie.

Wie alle kleinen Kätzchen möchte Mohrle am liebsten nur spielen. Sie kullert sich auf den Rücken und wartet darauf, dass Mami sie am Bauch krault.
Das tun wir jetzt auch einmal. Alle Kinder legen sich auf den Rücken. Und was macht die Mami?

Die Hand auf dem Bauch kitzelt, deshalb will das Kätzchen sie immer wieder fangen und festhalten. Aber meistens ist die Mami schneller und hat sie schon wieder weggezogen.
Schafft ihr es, Mamis Hand festzuhalten?

Jetzt hat Paulines Kätzchen genug vom Kraulen und Fangenspielen. Es macht – wie Katzen das so tun – einen Buckel, um zu zeigen, dass es nun schlechte Laune hat.

Einen Katzenbuckel zu machen, ist gar nicht schwer. Schaut einmal, wie Mami das macht und probiert es dann einfach auch.

Es dauert gar nicht lange, da kommt Assi angetapst. Assi ist ein großer, dicker Hund. Er ist schon ziemlich alt und hat es niemals eilig.
Wir laufen jetzt auch wie ein großer Hund und stellen uns vor, dass wir so alt und schwerfällig wie Assi sind.

Paulines Hund macht es Spaß, mit ihr auf dem Rücken durch die ganze Wohnung zu tapsen.
Aber auf einem großen Hund reiten, das könnt ihr doch auch. Klettert auf Mamis Rücken und reitet mit ihr durch den Raum.

Gar zu lange darf Pauline aber nicht auf Assis Rücken sitzen. Schon bald wird es ihm zu viel und er fängt an zu knurren und zu bellen.
Das bedeutet für euch Kinder, dass ihr nun wieder von Mamis Rücken absteigen müsst.

Damit Paulines Hund nicht gar zu faul und schwerfällig wird, muss er sich viel bewegen. Im Garten gibt es dazu Gelegenheit. Zum Beispiel kann er auf der Gartenmauer herrlich spazieren gehen.

Versucht, auf den aufgestellten Bänken wie auf einer Mauer herumzukrabbeln. Zuerst passt Mami auf euch auf, aber dann probiert sie es auch einmal.

Das Auf- und Absteigen auf die Mauer ist für Assi nicht ganz einfach, denn er muss seinen schweren Körper auf allen vieren hinaufbewegen und auf die gleiche Weise auch wieder heruntersteigen.

Wie Assi klettern wir auf Händen und Füßen auf die Bänke hinauf und genauso wieder herunter.

Schaut doch einmal, wer da angeflattert kommt. Es ist ein kleiner Vogel, der sich auf die Mauer setzt, ganz aufgeregt mit den Flügeln flattert und ängstlich piepst.
Was denkt ihr, wie das aussieht, wenn ihr alle kleine Vögelchen auf der Gartenmauer seid? Wollt ihr es den Mamis einmal zeigen?

Nun startet der Vogel zu einem Rundflug durch Paulines Garten. Wir alle fliegen mit ausgebreiteten Armen im Garten umher.

Zwei Vögel fliegen dicht hintereinander her und versuchen, sich gegenseitig zu fangen. Alle Kinder laufen nun weg und die Mamis oder Papis versuchen, ihr Kind einzuholen.

Für Vögel ist eine Gartenmauer kein Hindernis. Ganz leicht können sie darüber hinwegfliegen. Mal sind sie im Garten und dann wieder draußen.
Auch wir brauchen uns nicht innerhalb der Bänke aufzuhalten, wir laufen und klettern über die Bänke hinweg, einmal hinaus und dann wieder herein.

Aber jetzt müssen wir erst verschnaufen, denn vom Fliegen sind wir sehr müde geworden. Wir schauen uns in Paulines Garten um und entdecken einen kleinen Käfer, der auf dem Rücken liegt und mit seinen kurzen Beinen zappelt.
Zappeln ist auch für Kinder und Eltern nicht schwer und es macht außerdem viel Spaß. Probiert es doch aus.

Da kommt auch noch ein Regenwurm angekrochen. Weil er keine Beine hat, muss er sich auf dem Bauch vorwärts bewegen und das geht nur ganz, ganz langsam.
Wir tun jetzt alle so, als wären wir ein Regenwurm, legen uns auf den Bauch und rutschen dann vorwärts.

Als Letztes entdecken wir den Hasen. Ängstlich duckt er sich ganz tief auf den Boden und beobachtet gespannt, was sich da im Garten abspielt.

Wenn ihr euch ganz klein zusammenkuschelt und den Kopf auf den Boden legt, dann seht ihr bestimmt alle so aus wie ein ängstliches Häschen. Mami oder Papi zeigen es euch und ihr versucht es dann auch einmal.

Der Hase möchte sich am liebsten in einer Höhle verstecken.

Die Erwachsenen bauen für euch eine Höhle, ihr krabbelt hinein und seid kaum noch zu sehen.

Dann aber nimmt das Häschen seinen ganzen Mut zusammen und hoppelt, so schnell es kann, von einer Seite des Gartens zur anderen. Seine langen Ohren wackeln dabei lustig hin und her.
Mami und Papi sind schon große Hasen, sie können euch zeigen, wie man es macht.

Unserem Häschen ist es in Paulines Garten doch zu aufregend. Es macht sich ganz klein und kriecht durch ein enges Loch ins Freie.
Wenn ihr das auch ausprobieren möchtet, dann krabbelt einmal unter der Bank hindurch. Passt aber gut auf euren Kopf auf, damit ihr euch nicht stoßt.

Habt ihr noch andere Tiere im Garten entdeckt? Dann lasst uns gemeinsam überlegen, wie sich diese Tiere bewegen und dann probieren wir es natürlich aus.

Den ganzen Vormittag hat Pauline die Tiere in Haus und Garten beobachtet, jetzt wird sie langsam müde, kuschelt sich gemütlich an die Mami und ruht sich aus.

Kleine und große Putzteufel

Material: Je ein Staubtuch für Eltern und Kinder.
Musik zum Laufen.

Der Hausmeister hat mir heute sein Leid geklagt. Seit einigen Tagen ist die Frau krank, die immer in der Turnhalle sauber macht. Er hat mich freundlich gefragt, ob wir ihm nicht ein wenig helfen möchten, damit der viele Schmutz und Staub wieder aus der Halle verschwindet. Ich habe ihn beruhigt und gesagt, dass die Eltern und Kinder ganz besonders gern behilflich sind.

Zuerst wollen wir die Geräte und die Wände gründlich abstauben. Mit einer flotten Musik macht das sogar Spaß. Lauft kreuz und quer von einer Wand zur anderen, denn das ist viel lustiger als immer nur auf einem Fleck zu stehen.

Eltern und Kinder wischen zu einer flotten Rock 'n' Roll-Musik Staub von den Hallenwänden.

Schaut die vielen Spinnweben dort oben unter der Hallendecke. Wie schaffen wir es nur, sie zu beseitigen, wenn wir keine lange Leiter haben?

Eltern und Kinder werfen ihre Tücher hoch in die Luft und fangen sie wieder auf.

Wie zu Hause im Wohnzimmer stehen auch hier viele unnütze Gegenstände herum. Es gibt Bänke, Schränke und Böcke, auf denen wir auch Staub wischen müssen.

Eltern stellen sich als Gegenstände in die Halle, die Kinder polieren jedes Teil, das sich ihnen in den Weg stellt. Anschließend werden die Rollen getauscht. (Ab jetzt ohne Musik arbeiten.)

Bevor wir nun an den Fußboden gehen, schütteln wir die Staubtücher noch einmal tüchtig aus. Wenn der rechte Arm müde ist, nehmen wir einfach den linken.

Nun gut, dann kommt jetzt der Fußboden dran. Jeder wischt zuerst auf den Knien ein möglichst großes Stück.

Eltern und Kinder knien auf dem Boden. Sie schieben mit weit ausholenden Armbewegungen das Tuch von rechts nach links, von vorn nach hinten.

Puh, ist das mühsam. Ich glaube, wenn wir mit den kleinen Tüchern so weiterputzen, sind wir bis heute Abend noch nicht fertig. Lasst es uns einmal mit einem Besen versuchen.

Eltern und Kinder wedeln wie beim Fegen mit ihren Tüchern über den Boden.

Besser wäre allerdings ein Staubsauger.

Eltern und Kinder setzen einen Fuß auf das Tuch und schieben sich mit dem anderen Fuß vorwärts

Halt, wollt ihr nicht einen größeren Staubsauger ausprobieren?

Die Kinder stellen sich mit Körperspannung mit jedem Fuß auf ein Tuch und legen sich leicht nach hinten. Eltern fassen ihre Kinder unter den Achseln und schieben sie vorwärts oder ziehen sie rückwärts.

Lasst uns noch ein anderes Modell testen.

Kinder setzen sich auf ein Tuch, Eltern fassen sie an den Beinen und ziehen sie durch den Raum.

Nun schaut euch um. Ist es nicht wunderbar sauber in unserer Halle geworden? Jetzt könnten wir noch eine Bohnermaschine gebrauchen, damit alles schön blank wird.

Eltern und Kinder setzen sich jeweils auf ein Tuch und schieben sich mit den Füßen rückwärts durch den Raum, sie drehen sich in einem Sitzkarussell im Kreis.

Fertig! Die Turnhalle ist wieder blitzblank. Nun müssen die schmutzigen Tücher in die Waschmaschine.

Eltern und Kinder knien dicht nebeneinander auf einer Kreislinie. Die Tücher liegen in der Mitte und werden durch Weiterschieben in eine Kreisbewegung gebracht. Ob sich die Trommel rechts- oder linksherum dreht, entscheiden die Kinder durch Zuruf. Außerdem kann die Rotationsgeschwindigkeit verändert werden.

Da wir keinen elektrischen Trockner haben, müssen die Tücher im Wind trocknen.

Eltern und Kinder halten ihre Tücher mit beiden Händen hoch und blasen tüchtig dagegen.

Zum Glück sind die Tücher nicht gar zu sehr verknautscht, Bügeln ist also nicht notwendig. Um sie aber wieder weglegen zu können, wollen wir sie ordentlich falten und aufeinander stapeln.

Eltern und Kinder falten die Tücher und bauen daraus einen Wäscheturm.

Die geheimnisvolle Lagerhalle

Material: Eine runde Keksdose (Butterkeks) für jeden Teilnehmer. In jeder Dose steckt ein Tischtennisball. Alle Dosen werden mit einem Klebestreifen zugeklebt und in der Halle verteilt.

Gestern habe ich in der Zeitung gelesen, dass die Polizei eine geheimnisvolle Lagerhalle entdeckt hat, in der ganz viele Dosen herumliegen. Die Polizisten haben sich nicht hineingewagt, sie hatten Angst, diese etwas merkwürdigen Gegenstände näher zu untersuchen. Ich weiß genau, dass ihr alle sehr, sehr mutig seid, deshalb wollen wir uns die Sache näher anschauen.

Vorsichtig schleichen wir uns an die Dosen heran, man kann ja nie wissen ...

... aber langsam werden wir etwas mutiger und rennen um die Dosen herum oder springen über sie hinweg.

Vielleicht sollten wir einmal vorsichtig auf alle Deckel klopfen. Zuerst tippen wir sie nur ganz leicht mit einem Finger, dann mit allen Fingern an. Schließlich schlagen wir mit der flachen Hand oder der Faust auf jede Dose.

Lasst uns die Ohren auf die Dosen legen und horchen, ob sich darin etwas bewegt.

Es ist nichts zu hören, also ein Lebewesen scheint sich nicht darin zu verstecken. Aber vielleicht schläft der Inhalt nur ganz fest. Wir wollen einmal vorsichtig schütteln.

Habt ihr es auch gehört? Da hat etwas geklappert. Was mag das nur sein? Vielleicht ein dicker Käfer oder ein größeres Tier? Aber wenn es ein Tier ist, dann möchte es bestimmt gern durch die Lagerhalle rutschen.

Eltern und Kinder laufen umher und geben jeder Dose, an der sie vorbeikommen, zuerst mit der Hand, später mit dem Fuß einen Schubs.

Ich bin gespannt, ob das Ding in der Dose schwindelfrei ist. Lasst uns die Dosen einfach durch die Halle und später dann durch eure gegrätschten Beine rollen.

Eltern und Kinder stellen die Dosen auf die Schmalseite und rollen sie hin und her.

Davon scheint niemand schwindlig geworden zu sein. Deshalb probieren wir es mit Andrehen.

Eltern und Kinder lassen die Dosen kreiseln.

Jetzt wird es aber endlich Zeit, dass wir in die Dosen hineinschauen, denn gar zu gefährlich scheint der Inhalt wirklich nicht zu sein. Habt ihr schon eine Ahnung, was sich darin verbergen mag?

Eltern und Kinder berichten über ihre Vermutungen und öffnen dann die Dosen.

Die Tischtennisbälle kommen uns gerade wie gerufen, denn mit ihnen und den Dosen können wir Spiele erfinden. Ich bin gespannt, was euch zuerst allein, dann gemeinsam mit Mami oder Papi und zuletzt mit anderen Familien einfällt.

Eltern und Kinder probieren selbstständig aus, was und wie man mit Dose, Dosendeckel und Tischtennisbällen spielen kann. Hier einige Beispiele:

1. Der rasende Ball
Einen Tischtennisball in der Dose oder auf dem Deckel in eine rotierende Bewegung bringen.

2. Balancieren
Einen Ball auf dem Deckel oder dem Dosenboden balancieren, eventuell dabei Hindernisse überwinden.

3. Dosentreff
Die Eltern rollen eine offene Dose, die Kinder kullern ihren Ball und versuchen, damit in die Dose zu treffen.

4. Die Kullerbahn
Mit einigen Keksdosen wird eine Mauer gebaut, in der es Lücken gibt. Eltern und Kinder kullern oder pusten sich den Tischtennisball von einer Seite der Mauer zur anderen zu.

5. Der Transportkreis
Mehrere Eltern und Kinder – jeweils mit einer offenen Dose – sitzen oder stehen eng beieinander im Kreis. Es werden Tischtennisbälle durch Umschütten von einer Dose zur anderen weitergegeben. Bei größeren Kindern können mit einigem Abstand mehrere Dosenfüllungen gleichzeitig unterwegs sein.

6. Zielwerfen
Mehrere offene Dosen stehen etwa 1 m von der Abwurflinie entfernt. Eltern und Kinder versuchen, mit den Bällen in die Dosen zu zielen.

7. Dosendeckeltennis
Eltern und Kinder spielen sich den Tischtennisball mit den Dosendeckeln zu.

Nun haben wir uns aber lange genug in der Lagerhalle herumgetrieben. Schnell räumen wir noch ein wenig auf und bauen einige hohe Dosentürme. Dann gehen wir stolz nach Hause, denn wir hatten keine Angst vor den unheimlichen Gegenständen in der Lagerhalle.

Mit der Eisenbahn unterwegs

Material: Für jeden Teilnehmer ein Springseil.
Zu Beginn liegen alle Seile in zwei parallelen Reihen (Abstand ca. 50 cm) auf dem Boden.

Heute fahren wir mit der Eltern-Kind-Eisenbahn übers Land. Es ist eine ganz besondere Bahn, denn sie benötigt zum Fahren keine Schienen und zum Anhalten keine Bahnhöfe. Sie kann überall dort stehen bleiben, wo wir es wollen.

Die Abfahrtszeit rückt immer näher, der Lokführer ruft laut: „Bitte einsteigen und die Türen schließen. Vorsicht bei der Abfahrt des Zugs!"

Alle Eltern und Kinder stellen sich zwischen die ausgelegten Seile und nehmen sie hoch. Die Erwachsenen fassen jeweils die Knoten von zwei aufeinander folgenden Seilen, die Kinder halten sich jeweils in der Mitte eines Seils fest.

Langsam setzt sich der Zug in Bewegung. Der Lokführer nimmt Rücksicht darauf, dass viele kleine Leute im Zug sind, die noch nicht so schnell fahren können. In leichten Kurven bahnt sich der Zug seinen Weg durchs Gelände.

Alle Eltern und Kinder versuchen, einen gemeinsamen Rhythmus aufzunehmen. Sie folgen der Übungsleiterin, die sich an der Spitze des Zuges befindet und sowohl die Geschwindigkeit als auch den Weg vorgibt.
Liedvorschlag: „Der Schaffner hebt den Stab" (siehe S. 49).

Ächzend und schnaufend hat es unsere Eltern-Kind-Eisenbahn geschafft, die höchste Kuppe des Bergs zu erreichen, aber jetzt kann sie sich freuen, denn es geht flott bergab.

Eltern und Kinder bewegen sich, so schnell sie können, achten aber immer auf den schwächsten Teilnehmer.

Schaut, da vorn, ich glaube, ich sehe einen schönen, großen See. Da könnten wir doch eigentlich anhalten und uns ein wenig umschauen.

Eltern und Kinder steigen aus dem Zug aus und legen aus allen Seilen einen großen See.

Kommt, wir probieren aus, ob das Wasser im See kalt oder warm ist.

Eltern und Kinder probieren zuerst vorsichtig, dann immer mutiger mit den Fingern oder Fußspitzen die Wassertemperatur.

Ich denke, es ist warm genug, sodass wir unsere Schuhe und Strümpfe ausziehen und ein wenig herumplanschen können.

Eltern und Kinder waten durch den See, sie spritzen sich gegenseitig nass, patschen mit den Füßen im Wasser, einige schwimmen oder rudern mit einem imaginären Boot.

Wenn von euch keine Vorschläge mehr kommen, was wir hier noch anstellen können, wollen wir mit unserem Bähnchen weiterfahren. Bestimmt warten noch andere Erlebnisse auf uns.

Eltern und Kinder nehmen die Seile wieder als seitliche Begrenzung des Zugs und fahren gemeinsam weiter.

Wieder geht es in vielen Kurven steil bergauf. Die Maschine schnauft und zischt, hin und wieder gibt sie einen lauten Heulton von sich. Aber endlich haben wir es geschafft, wir sind oben auf der höchsten Erhebung angekommen und können gemütlich geradeaus fahren.

Eltern und Kinder folgen wieder der Übungsleiterin. Sie imitieren die Geräusche einer Dampflokomotive.

Achtung, da sind wir eben an einem Waldspielplatz vorbeigekommen! Wenn ihr Lust habt, ein wenig dort zu spielen, müssen wir ein kleines Stück rückwärts fahren.

Eltern und Kinder rangieren vorsichtig rückwärts und steigen dann aus.

Alle Spielgeräte, die hier herumstehen, müssen wir selbstverständlich ausprobieren. Da gibt es zum Beispiel ein Karussell ...

Jeweils ein Eltern-Kind-Paar nimmt sich ein Seil, die Erwachsenen fassen die beiden Knoten, die Kinder in der Mitte. Sie laufen schnell im Kreis umeinander herum.

... eine Rutsche,...

Kinder legen sich auf den Bauch und fassen das Seil in der Mitte. Die Eltern ziehen die Kinder durch den Raum.

... eine Wippe ...

Eltern und Kinder sitzen sich mit gegrätschten Beinen gegenüber. Sie halten das gespannte Seil fest, wobei die Erwachsenen an den beiden Enden, die Kinder in der Mitte festhalten. Sie beugen sich gegengleich und abwechselnd mit dem Oberkörper nach vorn oder legen sich langsam auf den Rücken.

... und einen Balancierbalken.

Jeweils zwei oder drei Seile werden lang hintereinander auf den Boden gelegt. Eltern und Kinder bewegen sich auf unterschiedliche Weise (vorwärts, rückwärts, seitwärts) darüber. Sie springen mit einem oder beiden Füßen von einer Seite zur anderen, versuchen Hockwenden oder Drehsprünge.

Meint ihr nicht auch, dass wir hier lange genug herumgespielt haben und wieder eine kurze Strecke weiterfahren können? Also dann: „Einsteigen – Türen schließen."

Eltern und Kinder konstruieren wieder eine Eisenbahn und fahren damit eine Strecke.

Zisch – schnauf – ächz – pfffff. Plötzlich bleibt unsere Eisenbahn mitten im Gelände stehen. Sie will einfach nicht mehr weiterfahren. Wahrscheinlich braucht sie noch einmal eine Pause. Wir steigen aus und schauen uns in der Umgebung ein wenig um. Plötzlich raschelt etwas im hohen Gras. Schaut doch, Schlangen winden sich um uns herum, wir müssen sie fangen!

Eltern ziehen ein Springseil hinter sich her, die Kinder versuchen, das Ende des Seils zu fangen.

Ein Glück! Die vielen Schlangen haben wir erwischt. Nun aber tun sich tiefe Gräben vor uns auf. Wir müssen sie überwinden.

Aus jeweils zwei Seilen werden Gräben gelegt, die nun auf unterschiedliche Weise übersprungen werden.

Bautz, da sind doch tatsächlich einige von uns in den tiefen Graben gefallen. Zum Glück haben wir Rettungsseile dabei und können die Verunglückten wieder herausziehen.

Eltern halten ein Seilende fest, die Kinder ziehen sich in der Bauchlage am Seil vorwärts auf die Eltern zu oder die Eltern legen den Kindern ein Seil um die Brust und ziehen sie dann rückwärts.

Jetzt wird es uns aber langsam zu unheimlich und gefährlich hier. Wir wollen sehen, ob es uns gelingt, die Eisenbahn wieder zum Fahren zu bringen. Tsch-tsch-tsch-tsch ...

Eltern und Kinder steigen wieder in die Bahn und mit lautem Zischen gelingt es tatsächlich, mit dem Zug weiterzufahren.

Nach einigen Kurven kommen wir endlich wieder nach Hause. Wir sind alle sehr müde, aber trotz aller Anstrengungen und Aufregungen hat uns diese Fahrt mit der Eltern-Kind-Eisenbahn viel Spaß gemacht.

Ein fantastischer Urlaub

Material: Für jeden Teilnehmer eine doppelte Zeitungsseite (einige Zeitungen in Reserve).

Endlich ist es so weit! Die Urlaubszeit ist da und wir können die lange geplante Reise in die weite Welt antreten. Doch wenn man verreisen will, muss man wohl oder übel auch einen Koffer packen und sich genau überlegen, was man im Urlaub alles benötigt. Sicher habt ihr schon ein paar Vorschläge, was wir mitnehmen wollen oder müssen.

Die Zeitungen liegen ausgebreitet auf dem Boden. Eltern und Kinder machen Vorschläge, was man alles im Koffer verstauen will und tragen die Sachen aus allen Ecken und Winkeln der Halle zusammen.

Unterwäsche, Hosen, Pullis und Kleider werden aus den Schränken geholt. Ganz oben im Wäschefach liegen der Bikini und die Badeschlappen, hinter den dicken Pullovern kramen wir die Sonnenhüte hervor. Die Taucherbrille

muss auch noch mit! Aber wenn wir uns nur daran erinnern könnten, wohin wir sie nach dem letzten Schwimmbadbesuch gelegt haben! Nun, wer seine Sachen nicht wieder an den richtigen Ort legt, der muss halt suchen.

Eltern und Kinder laufen immer wieder kreuz und quer durch die Halle. Sie recken sich nach Gegenständen, sie bücken sich, um aus dem untersten Fach des Kleiderschranks etwas herauszuholen und suchen dann in allen Ecken nach der Taucherbrille. Alle Teile, die gefunden wurden, werden pantomimisch auf die Zeitung gelegt.

Ich hoffe, wir haben jetzt alles, was wir für unseren Urlaub benötigen. Der Koffer kann zugemacht werden und die Reise kann beginnen. Da wir mit dem Zug fahren, müssen wir nun den schweren Koffer zum Bahnhof schleppen.

Eltern und Kinder tragen die zusammengelegte Zeitung wie einen Koffer. Wie schwer er ist, sieht man am schleppenden Gang und der leichten Schräglage.

Zum Glück brauchen wir nicht lange auf unseren Zug zu warten, er steht schon abfahrbereit auf dem Bahnsteig. Erleichtert steigen wir ein, nehmen gemütlich Platz und bald setzt sich der Zug auch schon in Bewegung.

Eltern und Kinder legen die Zeitungen, je nach Gruppengröße, zu einer oder mehreren Reihen hintereinander, sie setzen sich darauf und legen ihre Hände auf die Schultern des Vordermanns. Mit leichtem Schaukeln und Wackeln nimmt der Zug Fahrt auf. Hin und wieder begleitet ein lautes Pfeifen oder Zischen die Fahrt. Natürlich kann man auch ein Eisenbahnlied singen („Der Schaffner hebt den Stab", siehe S. 49).

Es dauert gar nicht so lange, bis der Zug zum ersten Mal anhält. Wir schauen hinaus und sehen viel, viel Wasser vor uns. Was mag das sein? Ein Fluss, ein See oder sogar ein Meer? Kommt, lasst uns unsere Fahrt unterbrechen und aussteigen.

Eltern und Kinder stehen auf und nehmen ihre Zeitung mit.

Seht ihr dort am Himmel über dem Wasser die vielen weißen Vögel in großen Kreisen umherfliegen? Am liebsten möchte ich jetzt auch ein Vogel sein und durch die Luft schweben. Und ihr?

Eltern und Kinder halten ihre Zeitungen aufgeschlagen in einer Hand, bewegen sie auf und ab und laufen dabei in großen Bögen durch den Raum.

Eigentlich müsste man ausprobieren, ob man hier in dem Wasser schwimmen kann. Ist es kalt oder warm? Aber passt gut auf, dass ihr nicht das Gleichgewicht verliert und ins Wasser fallt. Stellt euch am besten auf einen dicken Stein am Ufer.

Eltern und Kinder stellen sich auf ihre Zeitungen, beugen sich vor und prüfen mit den Händen die Wassertemperatur.

Es scheint angenehm warm zu sein. Deshalb kann es jetzt nur heißen: Hinein in die Fluten und tüchtig geplanscht, gespritzt und geschwommen! Wer seine Luftmatratze im Koffer hat, kann sie aufpusten und damit herumpaddeln.

Eltern und Kinder spritzen sich gegenseitig mit Händen und Füßen nass, sie schwimmen oder legen sich auf ihre Zeitungen und paddeln.

Auch das schönste Badevergnügen muss einmal ein Ende haben. Jetzt schnell aus dem Wasser und ordentlich abgetrocknet, damit sich niemand erkältet.

Eltern und Kinder reiben sich mit der Zeitung trocken (danach eventuell eine neue Zeitung nehmen).

Oh, schaut einmal da hinüber. Dort am Ufer liegt ein riesengroßes Segelschiff. Wie wär's? Wollen wir unsere Urlaubsreise mit dem Schiff fortsetzen? Na klar, alle einsteigen, die Segel setzen und wenn der Wind tüchtig weht, kann unsere Fahrt übers Meer beginnen.

Eltern und Kinder spannen ihre Zeitungen wie ein Segel vor dem Körper, sie pusten fest und rennen durch die Halle.

Nun sind wir nach einer sehr langen Schiffsreise in Afrika angekommen. Puh, ist das heiß hier! Wir könnten gut einen Fächer gebrauchen, der uns ein wenig Kühlung verschafft.

Eltern und Kinder fächeln sich mit der Zeitung Luft zu.

Unsere Reise geht ins Landesinnere. Aber hier gibt es weder Autos noch Busse, man kann nur mit kleinen Ruderbooten weiterkommen.

Eltern und Kinder setzen sich auf ihre Zeitungen und rudern vorwärts.

Doch bald ist kein Weiterkommen mit dem Boot mehr möglich. Wir müssen aussteigen und den vor uns liegenden Sumpf über einen schmalen Weg überqueren, bei dem man von einem Stein zum anderen springen muss. Gebt nur Acht, dass ihr nicht abrutscht, denn im Sumpf sind Krokodile.

Alle Eltern und Kinder legen ihre Zeitungen mit einem angemessenen Zwischenraum hintereinander. Sie springen von einer Zeitung zur anderen. Möglicherweise gibt es einige Erwachsene oder Kinder, die sich als „Krokodile" neben dem schmalen Pfad aufhalten und nach den Füßen der anderen schnappen.

Endlich haben wir den gefährlichen Weg hinter uns und ein kleines Eingeborenendorf erreicht. Alle Einwohner laufen hier mit einem Lendenschurz bekleidet herum. Sie tanzen für uns einen Willkommenstanz.

Eltern und Kinder halten ihre Zeitungen vor den Bauch und tanzen umeinander herum. Dazu ertönen rhythmische Laute.

Schade, leider müssen wir das freundliche Völkchen schon wieder verlassen, denn unsere Urlaubsreise soll ja noch weitergehen und außer-

dem fängt es plötzlich ganz fürchterlich an zu regnen. Wir winken den Zurückbleibenden zu, schützen uns vor dem Regen und laufen, so schnell wir können, zum nächsten Flughafen.

Eltern und Kinder winken mit den Zeitungen, halten sie danach schützend über den Kopf oder vor den Körper.

Jetzt wird der Regen so stark, dass wir uns unterstellen müssen. Ein dicker Baum mit riesengroßen Blättern bietet uns Schutz. Um uns die Zeit zu vertreiben, wollen wir ein wenig singen.

Lied: „Der Regen fällt“ (siehe S. 45).

Seht ihr, nun hat es aufgehört zu regnen und wir rennen schnell weiter zum Flughafen. Ein großes Flugzeug wartet schon auf uns, wir steigen fix ein und erheben uns in die Luft. Mit unseren Fernrohren versuchen wir, das nächste Ziel zu entdecken.

Eltern und Kinder rollen ihre Zeitungen zu einem Fernrohr zusammen und suchen die Gegend ab.

Auf einem schneebedeckten Alpengipfel landet unser Flugzeug. Ist das nicht toll hier? Mitten im Sommer liegt hier oben noch so viel Schnee, sodass wir nach Herzenslust mit den Skiern und dem Snowboard fahren können.

Eltern und Kinder stellen sich auf ihre Zeitungen und rutschen durch die Halle.

Und was haltet ihr von einer zünftigen Schneeballschlacht?

Eltern und Kinder knüllen ihre Zeitungen zu einem Ball zusammen und bewerfen sich gegenseitig damit.

Leider geht auch der schönste Urlaub einmal zu Ende. Wir müssen nun die Heimreise antreten. Aber wie kommen wir nach Hause? Hat von euch jemand einen guten Vorschlag?

Der kleine Zauberer in der Stadt ANDERS

Material: Die Übungsleiterin benötigt einen Zauberstab, an dem ein Glöckchen befestigt ist.

Letzte Nacht ist etwas Schreckliches passiert. Eine bis gestern noch ganz normale Stadt ist von einer bösen, alten Frau verhext worden. Was bis dahin in der Stadt so war, wie es normalerweise in einer Stadt ist, wurde dort auf einmal anders. Von diesem Unglück hat der kleine Zauberer in seinem Zauberreich gehört und er hat sich natürlich sofort auf den Weg gemacht, um der verhexten Stadt zu helfen. Als er dort ankommt, findet er ganz merkwürdige Dinge vor, aber nach und nach gelingt es ihm, alles wieder in die übliche Ordnung zu bringen. Aber erlebt einmal selbst, was in ANDERS alles anders war:

Schon einige Zeit, bevor der kleine Zauberer die Stadt erreichte, bemerkte er, dass es dort völlig ruhig war. Man konnte keinen einzigen Laut und schon gar keinen Mucks hören. Es bewegte sich aber auch rein gar nichts in der Stadt ANDERS.

Eltern und Kinder stehen völlig still und verhalten sich ruhig.

Der kleine Zauberer war sehr erschrocken, denn so etwas Trauriges hatte er noch nie erlebt. Er beeilte sich und bemerkte bald, dass die Häuser in der Stadt alle anders standen. Sie waren nicht groß und gerade, sondern bucklig, schief und krumm.

Eltern und Kinder bauen mit ihren Körpern schiefe und krumme Häuser.

Der kleine Zauberer konnte das gar nicht mit ansehen, er rannte schnell von einem Haus zum anderen, berührte alle mit seinem Zauberstab und nach kurzer Zeit standen die Häuser gerade und stolz an ihrem Platz.

Die Übungsleiterin berührt Eltern und Kinder, diese bauen nun Häuser mit geraden Wänden und Dächern.

Nach und nach erwachten die Leute in der Stadt ANDERS. Sie kamen aus ihren Häusern heraus, aber nicht etwa so, wie normalerweise Leute aus ihren Häusern kommen, sondern einfach anders, ganz anders.

Eltern und Kinder kullern über den Boden, sie krabbeln rückwärts, verknoten ihre Arme und Beine, stolpern umher usw.

Der kleine Zauberer klingelte einmal mit seinem Glöckchen und die Leute konnten wieder normal gehen.

Aber traurig waren sie, so traurig, dass der Zauberer fast weinen musste. Alle ließen ihre Schultern und den Kopf hängen und schlurften lustlos durch die Gegend.

Eltern und Kinder lassen durch ihre Körperhaltung die Traurigkeit erkennen.

Das konnte der kleine Zauberer mit einem kräftigen Klingeln schnell ändern. Es war wie ein Wunder, plötzlich waren alle Leute in der Stadt wieder fröhlich. Sie hüpften und tobten durch die Straßen und von überall her hörte man es Kichern und Lachen.

Eltern und Kinder bewegen sich fröhlich durch die Halle.

Doch was geschah dann? Die Leute holten ihre Autos aus den Garagen und wollten damit fahren. Aber auch die Autos fuhren anders. Nicht vorwärts und geradeaus, sondern ruckartig, rückwärts, seitwärts, in Kreisen, Kurven und Schlangenlinien. Es war das reinste Chaos.

Eltern und Kinder halten ein imaginäres Lenkrad in den Händen und fahren wie im Text beschrieben.

„Klingelingeling" klang das Glöckchen am Zauberstab des kleinen Zauberers und schon fuhren alle Autos wieder so, wie es sich gehört.

Eltern und Kinder rasen mit ihren Autos durch den Raum.

Die Tiere in der Stadt ANDERS hatte es natürlich auch erwischt. Auch sie hatte die alte, böse Frau verhext.

Das Pferd zum Beispiel schlich wie eine Katze und wieherte dabei erbärmlich.

Eltern und Kinder bewegen sich bei allen nachfolgend aufgeführten Tieren wie beschrieben.

Der Hund flog wie ein Vogel durch die Luft und bellte, so laut er konnte.

Der Kanarienvogel krümmte sich wie ein Regenwurm auf dem Boden und piepste dazu jämmerlich.

Die Katzen stampften wie Elefanten umher und man hörte ihr klägliches „Miau-miau".

Noch nicht einmal die Frösche am See hatte die böse, alte Frau vergessen. Auch sie waren verhext und liefen wie Pinguine durch die Wiese. Ihr „Quak-quak" war laut und deutlich zu hören.

Mit allen Tieren hatte der kleine Zauberer Mitleid. Er erlöste sie mit seinem klingenden Zauberstab und schon bald bewegten sie sich wieder so, wie sie es gewohnt waren.

Die Pferde galoppierten, ...
... die Hunde liefen auf allen vieren, ...
... die Vögel flogen herum, ...
... die Katzen schlichen ...
und die Frösche hüpften.

Als der kleine Zauberer wieder alles in Ordnung gebracht hatte, zauberte er noch ein letztes Mal, bevor er wieder aus der Stadt ANDERS verschwand: Er ließ sein Glöckchen erklingen und das bewirkte, dass von nun an alle Leute in dieser Stadt nur noch lieb miteinander umgingen. Sie streichelten sich und lächelten sich freundlich zu, wenn sie sich begegneten. Es gab nie wieder Ärger und Streit in der Stadt ANDERS.

KLEINE SPIELE IM ELTERN-KIND-TURNEN

Es ist unbestritten, dass das Spielen einen großen Teil der Zeit im Tagesablauf von Kleinkindern einnimmt, eigentlich wird es nur von den Mahlzeiten und dem Schlafen unterbrochen. Jeder Gegenstand, den die Kinder in die Hände bekommen, wird zum Spielgerät. Da fährt ein Löffelauto auf dem Suppenteller herum, dort kullert ein Apfelsinenball quer durchs Wohnzimmer und da wird das Einordnen einer leeren Sprudelflasche in die Getränkekiste zu einem spannenden Puzzle. Im Spiel finden die Kinder das Medium, das ihnen bei der Bewältigung ihrer Umwelt behilflich ist. Sie lernen immer neue Gegenstände kennen und setzen sich spielerisch mit immer neuen Situationen auseinander.

Alleine spielen kann schon sehr spannend sein, aber noch viel schöner ist es, wenn Mami oder Papi mitspielen. Und gerade das gemeinsame Miteinanderspielen ist eine Hauptforderung an unsere Eltern-Kind-Turnstunden. Dieser Anspruch lässt sich aber nur auf Dauer realisieren, wenn wir Spielsituationen schaffen und anbieten, die für Eltern und Kinder gleichermaßen interessant sind. Fühlen sich die Eltern vom Inhalt nicht angesprochen, so verlieren sie leicht die Lust und es kommt zu einer Situation, die wohl alle kennen, die in Eltern-Kind-Gruppen arbeiten: Die Erwachsenen schauen zufrieden dem Spiel ihrer Kinder zu oder schlimmer noch, sie stehen beieinander und unterhalten sich. Sind die Kinder bei der Ausführung des Spiels überfordert, so resignieren sie und wenden sich einer anderen Tätigkeit zu.

Kleine Spiele aber, die so ausgewählt oder in ihrer Durchführung abgeändert wurden, dass sie das Mitspielen der Eltern geradezu erfordern, weil sie sonst nicht spielbar sind, können einen wertvollen Beitrag zur Gestaltung der Eltern-Kind-Stunde leisten. Sie bringen Abwechslung und bergen in sich viele Aspekte, die für uns wichtig sind und bei der Vorbereitung der Stunden im Mittelpunkt unserer Überlegungen stehen:

- In einer gelösten Spielatmosphäre lassen sich Hemmungen und Ängste bei Erwachsenen und Kindern abbauen. Im Spiel vergessen sie die ungewohnte Umgebung ebenso wie das Gefühl, beobachtet zu werden.
- Im Spiel finden sich alle Teilnehmer unserer Gruppe zu einer Gemeinschaft zusammen, die Spaß an der Bewegung hat. Es entsteht ein Gemeinschaftsgefühl als Grundlage für Vertrauen und Zutrauen. Gestärkt durch das Gefühl des Vertrauens, spielen die Kinder bald nicht nur mit ihren Eltern, sondern öffnen sich auch den anderen Teilnehmern der Gruppe. Nicht nur die Eltern sind von nun an ausschließliche Spielpartner, auch andere Kinder und Erwachsene übernehmen diese Rolle.
- Ungezwungenes „Miteinanderumgehen" führt Schritt für Schritt zu mehr Selbstvertrauen, Selbstständigkeit und Initiativfähigkeit.
- Die Kinder lernen spielerisch, dass es notwendig ist, berechtigte Interessen durchzusetzen, aber dass auch Rücksicht auf die Bedürfnisse der anderen Mitspieler genommen werden muss (soziales Verhalten).
- Im Spiel lernen die Kinder neue Handlungsweisen und -abläufe kennen.
- Bei den Kleinen Spielen ergibt sich viel Freiraum für Kreativität und Fantasie. In der Rolle des gefährlichen Löwen, der bösen Hexe oder des starken Mannes bekommen sie die Macht, die sie hin und wieder in ihrem Alltag vermissen, sie können Eigenschaften annehmen, vor denen sie sich sonst fürchten. So nehmen sie angstbesetzte Situationen vorweg, können dadurch Spannungen abbauen und unerreichbare oder unerlaubte Wünsche realisieren.

Ein wichtiger Grundsatz aber steuert alle unsere Überlegungen:

SPIELEN SOLL SPASS MACHEN!

Deshalb rangiert die Spielfreude vor dem wortgetreuen Einhalten der Spielregeln. Es werden möglichst alle Eltern und Kinder in das Spielgeschehen mit einbezogen, Ausscheiden als Folge einer Spielregel ist undenkbar. Wir organisieren kleine Spielgruppen, denn langes Anstehen macht lustlos und ungeduldig, deshalb werden lange Wartezeiten durch geschickte Organisation und überlegte Planung vermieden.

Die nachfolgenden praktischen Beispiele sollen Anregungen zum Erfinden anderer Spielformen geben, die geeignet sind, ein partnerschaftliches Verhältnis in der Gruppe zu entwickeln, die innigen Beziehungen zwischen Eltern und Kindern zu intensivieren und die Freude an der Bewegung zu genießen.

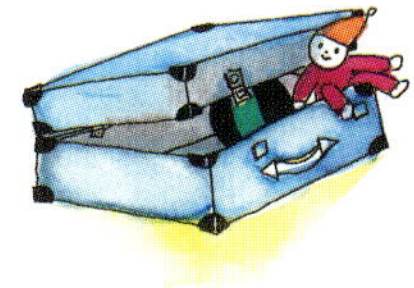

EIN- BIS ZWEIJÄHRIGE KINDER SPIELEN MIT IHREN ELTERN

Wir fliegen

Die Eltern entfernen sich rückwärts laufend von ihrem Kind und breiten dabei ihre Arme weit aus. Die Kinder laufen in die Arme ihrer Eltern und werden dann hoch in die Luft gehoben, wobei sich beide miteinander im Kreis um sich selbst drehen. Vorsichtig werden die Kinder wieder auf den Boden gestellt und abgewartet, bis sie das Gleichgewicht wiedergefunden haben und dann kann das Spiel von vorn beginnen.

Die Großen fangen die Kleinen

Die Kinder laufen vor ihren Eltern davon. Mit kleinen Trippelschritten „rennen“ die Eltern hinter ihnen her. Ist es ihnen endlich gelungen, ihr Kind einzuholen, fassen sie es in der Taille und heben es hoch in die Luft.

Fang mich doch!

Die Eltern laufen ihren Kindern davon. „Fang mich doch – fang mich doch“, rufen sie ihrem Kind zu. Und weil die Erwachsenen niemals so schnell laufen können wie die Kinder, dauert es nicht lange, bis die Kleinen ihre Mami oder ihren Papi eingeholt haben.

Suchen und Fangen

Mit geschlossenen Augen sitzen die Eltern gut verteilt in der Halle, die Kinder laufen frei umher und suchen sich ein Versteck. Sie entfernen sich nur so weit von ihrer Mami oder ihrem Papi, wie sie selbst es mögen.

Auf ein Zeichen der Übungsleiterin öffnen die Erwachsenen die Augen und versuchen, ihr Kind schnell wiederzufinden und einzufangen. Es ist immer wieder erstaunlich, wie viel Zeit die Erwachsenen benötigen, um ihr eigenes Kind zu finden.

Schlafen und Aufwachen

Völlig ruhig und augenscheinlich tief und fest schlafend, liegen alle Kinder am Boden. Die Eltern flüstern sich leise zu, wie erstaunlich es doch ist, dass die Kinder immer noch schlafen. Sie bewegen sich dabei leise um die Kinder herum. Wie lange halten die Kinder die Spannung aus? Wann geben sie ihrer Mami oder dem Papi zu erkennen, dass sie hellwach sind?

Wo ist das Kuscheltier?

Die Eltern verstecken die Kuscheltiere der Kinder in der Halle. Gemeinsam gehen sie dann mit ihren Kindern auf die Suche und finden schließlich das Versteck.

Anschließend verstecken die Kinder das Tier für ihre Eltern. Wenn die Kinder den Erwachsenen nicht gleich verraten, wo man das Kuscheltier finden kann, wird das Suchen endlos.

Verstecken

Spielvorbereitung:
Viele kleine und große Kästen werden in der Halle verteilt.

Eltern und Kinder laufen zur Musik um alle Hindernisse herum. Bei Musikstopp verstecken sich alle ganz schnell hinter den Kästen vor der Übungsleiterin. Beginnt die Musik wieder, kommen die Teilnehmer aus ihren Verstecken hervor und laufen weiter.

Verändert die Übungsleiterin ihren Standort, muss man sich neu orientieren und sein Versteck so wählen, dass man auch jetzt nicht gesehen wird.

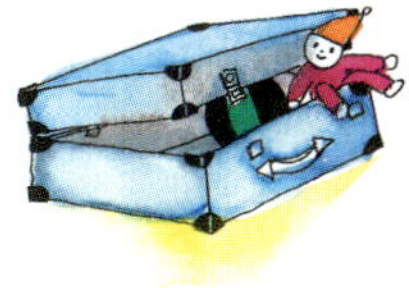

DREI- BIS SECHSJÄHRIGE KINDER SPIELEN MIT IHREN ELTERN

Den Koffer packen

Spielvorbereitung:
Ein kleiner Koffer wird mit allerhand Reiseutensilien gefüllt. Praktischerweise wählt man dafür kleine Teile aus, damit ordentlich viel hineingeht. Zu jedem Teil, das sich in dem Koffer befindet, schreibt man einen Zettel.

In der Turnhalle werden die Zettel an einer Hallenwand ausgelegt, die Gegenstände an der gegenüberliegenden Hallenwand. Der Koffer steht in der Mitte.

Spieldurchführung:
Bevor man auf eine Urlaubsreise geht, muss man eine ganz wichtige Arbeit erledigen, nämlich das Kofferpacken. Damit aber die Eltern nicht immer alles allein zusammensuchen müssen, wollen ihnen die Kinder heute beim Kofferpacken helfen. Zum Glück haben Mami und Papi schon ein wenig vorgedacht und alles aufgeschrieben, was in den Urlaub mitgenommen werden soll. Die Kinder müssen jetzt nur noch die Teile zusammensuchen und in den Koffer tragen.

Alle Teilnehmer stehen an der Hallenmittellinie. Jeder Erwachsene läuft nun zur Wand, wählt einen Zettel aus und kommt zu seinem Kind zurück. Hier wird vorgelesen, welches Teil vom Kind gesucht und zum Koffer getragen werden soll. Während die Kinder die Teile holen und einpacken, ist Mami oder Papi schon wieder zur Wand gelaufen und hat einen neuen Zettel mit einem weiteren Auftrag für das Kind geholt.

Natürlich ist das Spiel zu Ende, wenn kein Zettel mehr da ist und alle Utensilien im Koffer liegen.

Raus aus unserer Wohnung!

Spielvorbereitung:
Mit Klebeband werden in der Turnhalle vier gleich große Wohnungen markiert; in allen Wohnungen werden weiche Kleingeräte wie Soft-Frisbeescheiben, Softbälle, Staubtücher, Schaumstoffteile, Schwämme usw. verteilt.

Spieldurchführung:
Die vier Familien in unserer Reihenhaussiedlung haben eine schöne Reise unternommen und kommen heute aus ihrem Urlaub zurück. Leider haben sie vor ihrer Abreise vergessen, die Terrassentüren zu schließen und nun ist in der Zwischenzeit jede Menge Unrat in ihren Häusern abgeladen worden. Nach dem ersten Schreck machen sie sich an die Arbeit und weil sie keine Lust haben, den Müll zusammenzufegen, werfen sie ihn einfach in die Wohnung eines Nachbarn. Die Nachbarn sind darüber natürlich überhaupt nicht erfreut und pfeffern den Unrat umgehend wieder zurück. Ob es wohl einer Familie gelingt, ihre Wohnung vollständig zu säubern?!

Vögel suchen Futter

Spielvorbereitung:
In der Mitte der Halle befindet sich ein Weichboden, auf dem sehr viele Kleinmaterialien liegen. Dies können Bauklötze, Bohnensäckchen, Tücher, kleine Bälle u. Ä. sein.

Für jede Familie liegt in einiger Entfernung (ca. 3-4 m) ein Reifen.

Spieldurchführung:
Im Frühjahr, wenn die jungen Vögelchen aus ihren Eiern geschlüpft sind, haben ihre Eltern viel zu tun. Pausenlos sind sie dabei, für ihre Jungen Nahrung zu suchen und ins Nest zu bringen. Weil Vögel alles mit ihrem Schnabel transportieren müssen, können sie immer nur **ein** Teil tragen und müssen deshalb ganz oft hin- und herfliegen.

Zum Glück gibt es hier ein Feld, auf dem ganz viel Vogelnahrung zu finden ist. Fliegt nun immer zwischen dem Vogelnest (dem Reifen) und dem Feld hin und her und bringt ein Stück nach dem anderen zum Nest. Alle fliegen so lange, bis kein Körnchen und keine Mücke mehr auf dem Feld zu sehen ist.

Fische im Teich

Spielvorbereitung:
Die Gruppe wird in vier etwa gleich starke Fischfamilien eingeteilt. Es gibt grüne Heringe, gelbe Schollen, blaue Forellen und rote Barsche. Jede Fischfamilie wohnt in einer Hallenecke und bekommt entsprechend ihrer Art einen farbigen Klebepunkt.

Spieldurchführung:
In einer Großhandlung hat ein Mann Fische gekauft und zu Hause in einen großen Teich gesetzt.

Die Fische haben sich noch nicht richtig eingelebt. Sie halten sich immer nur in einer bestimmten Ecke des Teichs auf. Das gefällt dem Besitzer aber gar nicht. Er möchte, dass die Fische im ganzen Teich herumschwimmen und hat sich dazu ein Übungsprogramm ausgedacht.

Zuerst lässt er jeweils zwei Fischsorten ihre Plätze tauschen, z. B. die blauen Forellen und die roten Barsche. Wenn er sie aufruft, schwimmen sie – nicht nur auf dem kürzesten Weg – zum Lieblingsplatz der anderen Sorte. Danach ruft er die beiden anderen Arten auf, die dann auch schwimmend ihre Plätze tauschen. Nach mehrmaligem Plätzetausch der unterschiedlichsten Zusammenstellungen ruft er laut: „Mischfisch!" Nun schwimmen alle Fische bunt durcheinander im Teich herum, bis sie sich nach einer Weile wieder in ihre Lieblingsecken verdrücken.

Katze und Maus

Spielvorbereitung:
Man benötigt einen Fallschirm oder ein großes Schwungtuch.
Alle Kinder halten das Tuch am Rand fest.

Spieldurchführung:
Unter dem großen Tuch wohnt eine kleine Maus. Sie ist ziemlich gut versteckt und wir wollen gespannt abwarten, ob sie von der Katze gefangen wird. Die Katze darf nur über dem Tuch nach der Maus tasten.

Alle Kinder, die am Rand des Fallschirms anfassen und das Geschehen beobachten, halten natürlich zu der kleinen Maus. Sie bewegen den Fallschirm wild auf und ab, sodass viele Wellen entstehen und die Katze nicht sehen kann, wo sich die Maus gerade befindet.

Sollte die Katze wirklich erfolgreich sein, darf sie die Rolle der Maus übernehmen und es wird eine neue Katze bestimmt.

Die Zauberer in der Stadt

Spielvorbereitung:
Je nach Größe der Gruppe benötigt man zwei oder mehrere Zauberstäbe. Man dekoriert dafür leere Küchenrollen mit farbigem Klebeband oder verziert sie mit Kringelband.

Spieldurchführung:
Einige Eltern und Kinder erhalten mit dem Zauberstab eine ganz besondere Fähigkeit. Sie können anderen Personen ihren Willen aufzwingen. In diesem Fall sind es die Autofahrer, die nur das tun dürfen, was der Zauberer will.

Die Teilnehmer der Eltern-Kind-Gruppe fahren, ein gedachtes Lenkrad in der Hand, kreuz und quer durch die Turnhalle. Berührt ein Zauberer sie mit seinem Zauberstab, dann gibt er ihnen gleichzeitig eine Anweisung mit, die sie so lange befolgen müssen, bis von irgendeinem Zauberer eine neue erteilt wird.

Mögliche Anweisungen der Zauberer sind:

Halt, stehen bleiben!
Leise fahren!
Laut hupen!
Anhänger mitnehmen!

Parkplatz aufsuchen!
Rückwärts fahren!
Kurven fahren!
Scheibenwischer einschalten!

Die schlafenden Riesen und der Schatz

Spielvorbereitung:

In der Mitte der Turnhalle türmt sich ein wertvoller Schatz, er besteht aus vielen Bohnensäckchen oder anderen Kleingeräten.

Spieldurchführung:

Die Riesen haben den Zwergen einen wertvollen Schatz gestohlen und ihn in ihre Höhle gebracht. Nun hocken sie seit langem um diesen Schatz herum und bewachen ihn.

In respektvollem Abstand lauern die Zwerge, die natürlich ihren Schatz unbedingt wieder zurückerobern möchten. Zum Glück werden auch Riesen einmal müde. Sie schlafen ein und schnarchen laut. Dies ist das Signal für die Zwerge. Sie schleichen sich leise und vorsichtig heran und versuchen, Teile des Schatzes aus der Riesenhöhle zu holen. Wer nicht vorsichtig genug ist, weckt einen Riesen auf. Und dann kann man nur noch weglaufen und sich in Sicherheit bringen. Ob der Riese den Zwerg einholt und ihm den Schatz wieder entreißen kann?

Alle Teddys fliegen hoch

Spielvorbereitung:

Alle Kinder haben von zu Hause ein Schmusetier mitgebracht. Für Vergessliche hält die Übungsleiterin einige Tiere bereit, um aushelfen zu können.

Spieldurchführung:

Die Gruppe steht im Kreis, alle Schmusetiere kuscheln sich an die Kinder. Zu Beginn besprechen wir, welche Gegenstände fliegen können und kommen zu einer ganz stattlichen Sammlung. Da sind z. B. die Flugzeuge und Hubschrauber, die Mücken, Fliegen, Bienen, Vögel und Schmetterlinge.

Die Übungsleiterin oder ein Erwachsener der Gruppe ruft nun laut einen Gegenstand und die Kinder werfen bei flugtauglichen Objekten ihr Schmusetier weit weg und die Mami oder der Papi holen es zurück. Bei Gegenständen, die nicht fliegen können, setzen sie sich schnell auf den Boden. Da muss man schon ganz gut aufpassen, dass nicht plötzlich auch Autos und Eisenbahnen, Kochtöpfe und Badewannen durch die Luft fliegen!

SPIELTURNEN AN GROSSGERÄTEN

GROSSGERÄTE FÜR KLEINE LEUTE KLETTERN – KULLERN – RUTSCHEN – SPRINGEN

Wie schon im Kapitel „Bewegungsgeschichten" (S. 93ff.) beschrieben, muss ein Angebot für die Allerkleinsten anders aufbereitet werden, als eine Turnstunde für die Eltern mit den drei- bis sechsjährigen Kindern. Die Kleinen müssen zuerst ihre eigenen Bewegungserfahrungen sammeln und durch wiederholtes Entdecken und Experimentieren ausreichende Bewegungssicherheit gewinnen, bevor sie später gemeinsam mit ihren Eltern in Gerätelandschaften turnen und spielen können.

Durch den Aufbau von Großgerätekombinationen bieten wir den Kleinkindern immer neue Bewegungsanreize, ermöglichen ihnen die Anwendung bereits erworbener Grundtätigkeiten und das Sammeln ganz neuer Bewegungserfahrungen. Das freie und selbstständige Spiel und die eigenständige Eroberung der Geräte ist am Anfang das Wichtigste für die Kinder. Und gerade hierbei kommt den Eltern eine entscheidende Rolle zu, denn eine deutlich sichtbar ausstrahlende Freude der Erwachsenen am „Sichbewegen" ist eine große Motivation für die Kinder. Von den Eltern nehmen sie diese positiven Impulse auf, lassen sich anstecken und versuchen, viele „Übungen", so gut sie es können, nachzuahmen. Nur dort, wo Mami oder Papi benötigt werden, stehen sie ihrem Kind hilfreich zur Seite, sie heben es aber keinesfalls auf ein Gerät hinauf (das geht einfach schneller) oder tragen es über ein Gerät hinweg.

Eltern sagen niemals: „Das kannst du noch nicht!", „Davor hast du sicher Angst!" oder: „Mach jetzt richtig mit! Sonst gehen wir nach Hause!" Vielmehr geben sie ihren Kindern den Freiraum und vor allem die Zeit, die sie für eigene Experimente und Entdeckungen, für das Sammeln neuer Bewe-

gungserfahrungen und das Erlangen von Bewegungssicherheit benötigen. Sie schenken den Kindern ihre volle Aufmerksamkeit, fordern durch eigene Tätigkeiten zum Nachahmen heraus, ermuntern, ermutigen, loben und halten notfalls eine helfende Hand bereit.

Jedes Kind hat während jeder Turnstunde die Möglichkeit,

- **ausdauernd zu beobachten.**
- **sich in Ruhe heranzutasten.**
- **zögernd zu erkunden.**
- **vorsichtig zu probieren.**
- **gelungene Experimente zu wiederholen.**
- **Versuche wieder abzubrechen.**
- **neue Wege und Bewegungen zu entdecken.**
- **vielfältige Bewegungserfahrungen zu sammeln.**
- **Bewegungsabläufe zu sichern und zu kombinieren.**
- **Bewegungserfahrungen in verschiedenen Situationen frei anzuwenden.**

(Lindner & Stein, 1993)

Dieses pädagogische Konzept lässt sich am besten in überschaubaren Gruppen umsetzen. Nur wenn die Teilnehmer sich schnell kennen lernen, entwickelt sich rasch ein vertrauensvolles Miteinander und eine harmonische Gruppenatmosphäre, die von Toleranz und Ehrlichkeit geprägt ist. Eine Gruppe mit etwa 10 Erwachsenen und ihren Kindern bietet für eine erfolgreiche Umsetzung der oben aufgeführten Ansprüche optimale Voraussetzungen.

In jeder Stunde sollte das Angebot an Großgerätekombinationen für die Minis überschaubar sein, oft genügen zwei oder drei Gerätekombinationen, an denen die Kinder über lange Zeit immer und immer wieder die gleichen Dinge ausprobieren. Sie haben Freude an der Bewegung und am Gelingen ihrer Aktionen und man sieht ihnen das Glücksgefühl nach jedem gelungenen Versuch deutlich an.

Ganz besonders in einer Gruppe mit den ein- bis zweijährigen Kindern sollte die Übungsleiterin den Eltern deutlich machen, dass Karrieredenken, Unzufriedenheit mit dem Kinderverhalten und überzogene Leistungser-

wartungen nur für Erwachsene wichtig sind. Kinder können diese Denkweisen nicht nachvollziehen, sie sind für sie unverständlich und verwirrend; aus Sorge, ihre Eltern zu enttäuschen, schaffen sie oft zusätzliche Hemmungen und Ängste.

Sowohl im sprachlichen als auch im motorischen Bereich gibt es keine starren Normen, die vorschreiben, was ein Kind in diesem oder jenem Alter können muss. Oft sind erhebliche Entwicklungsunterschiede zu beobachten, die sich häufig verblüffend schnell ausgleichen. Was ein Kind in dieser Eltern-Kind-Stunde nicht einmal versuchen will, kann ihm schon in der nächsten Woche ohne große Anstrengung gelingen. In einer motorisch anregenden Umwelt lernen Kleinkinder selbstständig, ihre motorischen Fähigkeiten einzuschätzen und zu entwickeln.

GERÄTEKOMBINATIONEN FÜR EIN- BIS ZWEIJÄHRIGE

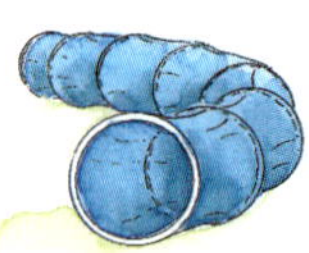

Der Kriechtunnel

Der große Tunnel

Kriechen durch Kasteninnenteile

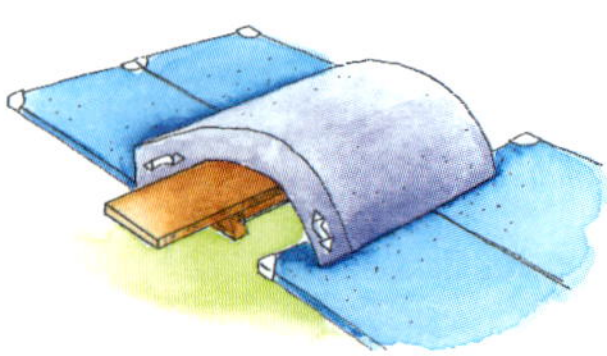

Die Kullerbahn

Kleine Brücke (auch auf 2-3-teiligen Kästen)

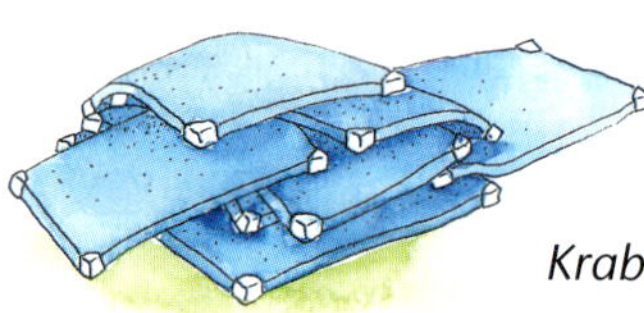

Krabbelberg

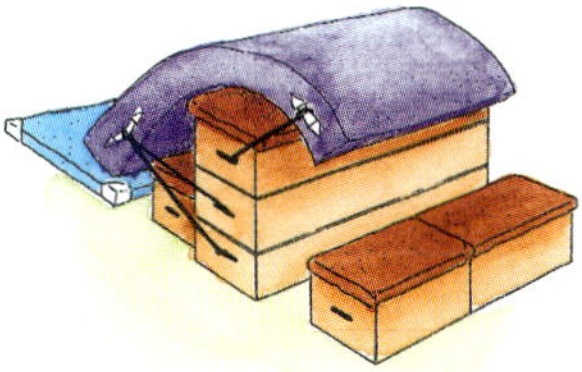

Rutsche

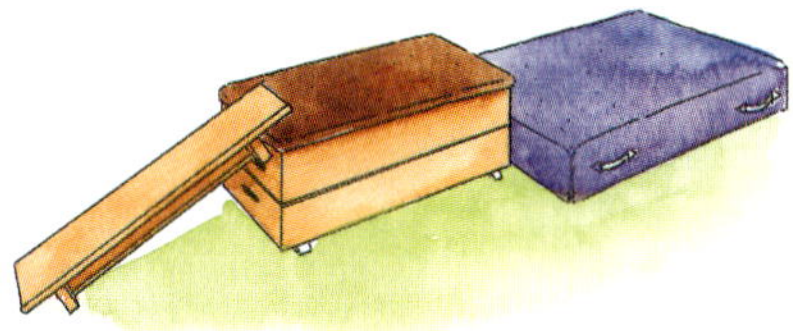

Sprungturm

Schaukel

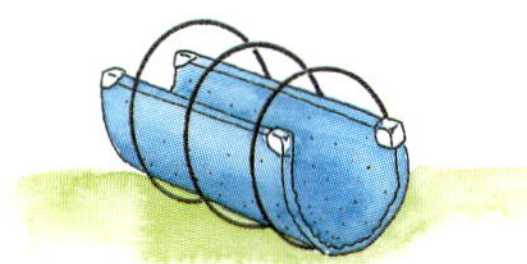

Harzer Roller

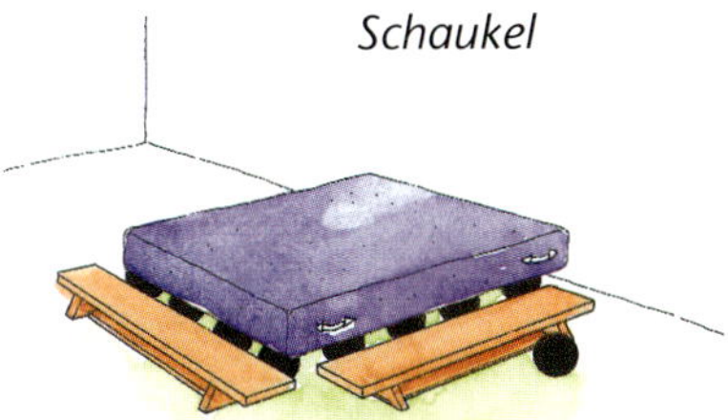

Wackelmatte

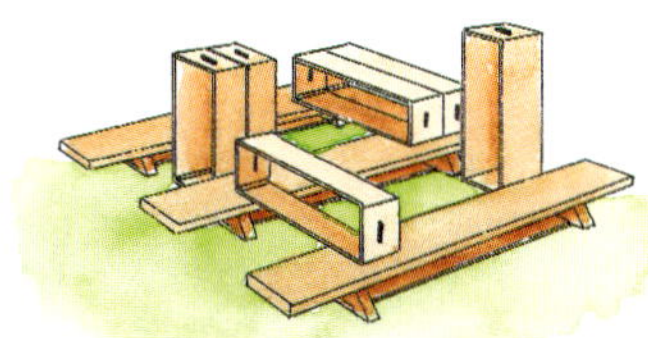

Klettergarten

Schiff oder Auto

Planwagen

Kuscheldecke
(Bettwäsche mit Luftballons füllen)

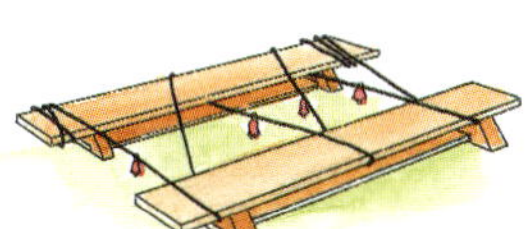

Kriech- und Kletterweg

Schiefe Ebene

SPIELLANDSCHAFTEN FÜR DREI- BIS SECHSJÄHRIGE UND IHRE ELTERN

Wo früher verkehrsarme Straßen, große Plätze, Hügel, Berge und Wiesen in einer natürlichen Umwelt die Kinder zu Bewegung und Spiel geradezu eingeladen haben, schränken heute viel befahrene Straßen, eintönige Spielplätze, für Fahrzeuge reservierte Großflächen und die Bequemlichkeit der Menschen die für unsere Gesundheit so wichtige Bewegung immer weiter ein.

In der Turnhalle haben wir die Möglichkeit, durch den Einsatz von Großgeräten Bewegungsanreize zu schaffen, die die Bewegungssicherheit von Kindern und Erwachsenen fördern. Diese Geräte bieten willkommene Anreize zur Erprobung der eigenen Geschicklichkeit und zu freiem Spielen und Erkunden. Aber wie wird dieses Angebot genutzt?

Im Großgeräteteil einer Eltern-Kind-Turnstunde zeigt sich immer wieder dieses Bild: Es wurden anregungsreiche und attraktive Gerätekombinationen aufgebaut und alle Kinder sind mit Eifer bei der Sache. Sie klettern und springen, balancieren und kullern, schaukeln und schwingen, wo immer es möglich ist und können nicht genug davon bekommen, immer wieder neue Bewegungsmöglichkeiten zu entdecken. Was aber tun die Eltern?!

Die Aktiveren unter ihnen stehen neben den Geräten, beobachten wohlwollend ihre Kinder und helfen ihnen auch schon einmal über eine Klippe hinweg. Die anderen aber verwechseln die Eltern-Kind-Turnstunde mit einem Gesprächskreis für Erwachsene, stehen in kleinen Gruppen zusammen und unterhalten sich über mehr oder weniger wichtige Dinge.

Wenn wir aber davon ausgehen, dass im Eltern-Kind-Turnen Erwachsene und Kinder gleichermaßen aktiv sein sollen, so muss es uns gelingen, die Eltern derart am Turnen an Großgeräten einzubinden, dass sie sich ausdrücklich und emotional angesprochen fühlen und mit Freude bei der Sache sind.

Oft sind es negative Erlebnisse oder schlechte Erinnerungen an ihren zurückliegenden Sportunterricht in der Schule, die es besonders den Müttern schwer machen, sich gemeinsam mit ihren Kinder an den Geräten zu beschäftigen.

Gelingt es uns aber, die Kinder als Verbündete zu gewinnen, sie als Helfer und Partner einzusetzen, die ihre Eltern ermutigen und herausfordern, sich wieder an die Großgeräte heranzuwagen, so haben wir schon einen großen Schritt nach vorn getan.

Seite an Seite experimentieren und spielen dann Eltern und Kinder an den Gerätekombinationen, miteinander erfahren sie die Faszination und die Herausforderung, die von den Großgeräten ausgeht. Die Freude am gemeinsamen Erleben lässt Ängste und Hemmungen der Erwachsenen in den Hintergrund treten und mit jedem Erfolgserlebnis wächst bei ihnen wieder ein Stück Zutrauen zu sich selbst und den Geräten.

Besondere Anreize schaffen Gerätelandschaften, die – unter einem bestimmten Thema stehend – zusammen mit den Eltern und Kindern aufgebaut und dann erlebt werden. Hier können sich Rollenspiele entwickeln, die ganz von allein zu vielseitigen und fantasievollen Bewegungen und Spielformen führen (*Beispiel:* Versteckspielen im Kinderzimmer, Rettung aus Bergnot usw.).

Um ein Miteinander von Eltern und Kindern beim Turnen und Spielen an Geräten zu erreichen, ist in erster Linie darauf zu achten, dass die Konstrukte – so weit dies mit den vorhandenen Geräten möglich ist – zweispurig aufgebaut werden. Das heißt, dass sowohl für den Erwachsenen als auch für das Kind ein gleichzeitiger Zugang möglich ist.

Gibt es zum Beispiel nur einen schmalen Weg zum Berggipfel, ist die Mutter immer gern bereit, zu Gunsten ihres Kindes darauf zu verzichten, den Gipfel zu erklimmen. Ein zweiter Weg lädt hingegen geradezu dazu ein, die Bergtour gemeinsam zu unternehmen, weil der Erwachsene sich jederzeit auf gleicher Höhe mit dem Kind befindet und es helfend unterstützen kann.

Zu jeder Gerätelandschaft stellen wir zusätzlich Kleingeräte und Spielmaterialien, wie z. B. Bohnensäckchen, Tennisringe, Medizinbälle, Schmusetiere, Decken und Tücher bereit und erweitern damit die Möglichkeiten zum Spielen und kreativen Agieren um ein Vielfaches.

Bewegungslandschaften erfüllen die geforderten Handlungsprinzipien in idealer Weise, sie

- **wecken Assoziationen und spornen zu fantasievollen Abenteuern an.**
- **regen zu neuen Bewegungslösungen an.**
- **lassen individuelle, spielerische Lösungen zu.**
- **halten vielfältige Bewegungsmöglichkeiten bereit.**
- **führen zu mehr Bewegungserfahrung.**
- **ziehen mehr Bewegungssicherheit nach sich.**
- **haben einen hohen Aufforderungscharakter.**
- **ermöglichen eine hohe Bewegungsintensität.**
- **haben keine oder zumindest extrem kurze Wartezeiten.**
- **enthalten Aufgabenstellungen, die Eltern und Kinder gemeinsam lösen müssen.**
- **erweitern das Feld für soziale Erfahrungen.**

GEMEINSAMES AUFBAUEN

Der gemeinsame Auf- und Abbau der Geräte ist aktive Bewegungszeit, denn beim Transport der Geräte stehen soziale und motorische Elemente gleichberechtigt nebeneinander. Deshalb werden alle Eltern und Kinder daran beteiligt.

In der richtigen, kindgemäßen Verpackung, zum Beispiel durch eine Bewegungsgeschichte, kann auch das Aufbauen zu einem erlebnisreichen und spannenden Abenteuer werden. Die Übungsleiterin sollte deshalb stets nach organisatorischen Hilfsmitteln, beispielsweise durch den Einsatz von Rollbrettern, Teppichfliesen und Mattenwagen als Transporthelfer, suchen und Ideen entwickeln, die diese „Arbeit" interessant, effektiv und abwechslungsreich gestalten können.

Noch ein Wort zur Absicherung der Geräte

Unter dem Aspekt der Sicherheit ist zu beachten, dass Bewegung und Bewegungsspiele niemals frei von Gefahren sind. Absolute Sicherheit kann nicht erreicht werden und ist auch aus pädagogischen Gründen wenig

sinnvoll: Kinder müssen lernen, ihre Fähigkeiten einzuschätzen, Risiken zu kalkulieren und ihr Handeln entsprechend auszurichten. Es zeigt sich, dass zu viel vermeintliche Sicherheit die Verletzungsgefahr erhöht und Bewegungssicherheit sich nur durch Bewegungserfahrung erreichen lässt (vgl. Kunz, 1992). Dies entbindet natürlich die Übungsleiterin keinesfalls von der Verpflichtung, ernsthafte Gefahrenquellen auszuschalten.

METHODISCHE WEGE ZUR EINBINDUNG DER ERWACHSENEN BEIM TURNEN AN GROSSGERÄTEN

Es gibt einige Kniffe, die man als Übungsleiterin einsetzen kann, damit die Erwachsenen aktiv am gemeinsamen Spiel an Gerätelandschaften teilnehmen. Diese methodischen Mittel können auf das jeweilige Thema der Stunde abgestimmt werden und erweitern somit deren Erlebniswert, ohne als Fremdkörper und erhobener Zeigefinger empfunden zu werden. Im Folgenden sind zu den jeweils unter einem Thema stehenden Gerätelandschaften Aufgaben zusammengestellt, die jeweils von den Erwachsenen vorgelesen werden.

Ihr Text ist so formuliert, dass die Eltern praktisch das Versprechen eingehen, gemeinsam mit dem Kind zu agieren. Diese Methoden sollen nur als Beispiele verstanden werden, selbstverständlich kann man sie nicht durchgehend durch ein Turnjahr anwenden. Sie sind aber ein hervorragend geeignetes Mittel, um den Erwachsenen ein Übungsrepertoire zu vermitteln, ihnen Ideen über das, was man mit seinem Kind gemeinsam tun kann, an die Hand zu geben.

IN DEN BERGEN

Methode:

Auf unserem Weg durch die Berge liegen viele Steine (Teppichfliesen). Unter diesen Steinen sind hin und wieder Notizzettel versteckt, die gemeinsame Unternehmungen beinhalten. Wem nichts mehr einfällt, was man zusammen mit seinem Kind in den Bergen tun kann, darf sich eine Karte suchen, muss diese aber gleich wieder unter einem anderen Stein verstecken.

Für alle unterschiedlichen Brücken gelten die gleichen Aufgaben. Sie werden überall ausprobiert, wo eine Lösung möglich ist.

Mehrere Brücken

Man erzählt sich, dass hinter einer der Brücken ein alter, griesgrämiger Berggeist wohnt.
Ich glaube, es ist besser, wenn wir beide auf Zehenspitzen über alle drei Brücken gehen.

Eine schwere Last muss über die Brücken getragen werden. Ich nehme einen dicken Steinklumpen (Medizinball) mit. Ob du es schaffst, mit einem anderen schweren Gepäckstück alle Brücken zu überqueren?

Oh weh, jetzt hast du dir deinen Fuß verstaucht. Aber das ist gar nicht so schlimm, denn ich kann dich ja über alle Brücken tragen.

Mitten auf einer Brücke kann ich nicht mehr weiter. Lass uns ausprobieren, auf welchen Brücken du um mich herumklettern kannst.

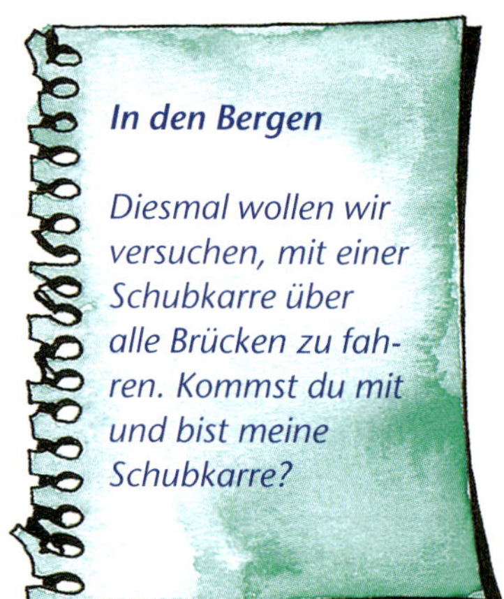

In den Bergen

Diesmal wollen wir versuchen, mit einer Schubkarre über alle Brücken zu fahren. Kommst du mit und bist meine Schubkarre?

An der Felswand

(Gerät ganz dicht an der Wand aufbauen)

Hier, auf diesem schmalen Steg, der ganz dicht an einer Felswand vorbeiführt, können wir nur auf allen vieren krabbeln. Ich krabbele vor, du hältst dich an meinen Fußgelenken fest und krabbelst hinterher.

Mir wird schwindlig, wenn ich auf einem so hohen Steg stehe, bei dem es an der einen Seite steil nach oben und an der anderen steil nach unten geht. Ich ziehe mich auf dem Bauch hinüber. Du darfst auf meinem Rücken sitzen.

Es muss uns doch gelingen, auch allein und gehend über den schmalen Steg zu kommen. Wir versuchen es seitwärts.

Auf dem schmalen Steg liegt nun auch noch ein dicker Felsbrocken (Medizinball auf Tennisring).
Wenn du über ihn hinwegsteigen kannst, schaffe ich es sicher auch.

In den Bergen

Wie richtige Bergsteiger sichern wir uns gegenseitig mit einem Seil. Dann gehen wir über den schmalen Steg.

Auf dem Gipfel

Auf dem Weg zum Gipfel liegen einige Hindernisse im Weg. Ob du über sie hinwegsteigen kannst?
Ich lege mich auf einen Kasten und du kletterst über mich hinweg.

Ich baue auf dem Weg zum Gipfel einen kleinen Tunnel, du kletterst hinauf und krabbelst durch den Tunnel.

Es ist ganz neblig hier auf dem Gipfel, ich kann nichts sehen! Kannst du mir helfen, den Weg zu finden?
(Erwachsene gehen mit geschlossenen Augen.) Anschließend helfe ich dir.

Ich trage einen großen, schweren Rucksack mit mir herum. Steig auf meinen Rücken und dann erklimmen wir gemeinsam den Gipfel.

Wir suchen uns einige andere Leute und fragen sie, ob sie Lust haben, in einer langen Schlange mit uns auf den Gipfel zu steigen.

Ich glaube, es ist noch nie jemand rückwärts auf einen Gipfel gestiegen. Wir versuchen das jetzt einmal.

In den Bergen

Wenn man sehr müde ist, kann man nur noch auf allen vieren auf den Gipfel steigen. Mach du mir einmal vor, wie das geht, ich komme hinter dir her.

In der Berghütte

Endlich brauchen wir nicht über Brücken und an gefährlichen Felswänden entlang zu gehen. Komm, lass uns zusammen ein Fingerspiel machen. Du darfst dir eins wünschen.

Wir sind in einer Hütte angekommen. Hier kann man sich endlich ausruhen. Ich erzähle dir eine Geschichte von Regen, Sonne, Schnee und Wind, die du auf deinem Rücken spüren kannst (Massage).

In dieser Hütte ist es sehr gemütlich. Komm, wir wollen ganz still sein und horchen, ob wir jemanden von den anderen Turnkindern und Eltern an der Stimme erkennen.

In den Bergen

Schau einmal, was hier alles herumliegt. Wir wollen alle Dinge nach Farben sortieren (Bauklötze).

IM KINDERZIMMER

Methode:

Mit einem Würfel und Aufgabenkarten, auf denen die Würfelpunkte aufgezeichnet sind, spielen wir im Kinderzimmer. An jeder Station liegt ein Würfel und die zugehörigen Karten. Die Kinder würfeln, suchen die Spielkarte mit den entsprechenden Punkten, die Erwachsenen lesen sie vor und dann wird die Aufgabe gemeinsam durchgeführt. Nach jedem Wurf wird die Spielstation gewechselt.

Rutsche

Du legst dich auf den Rücken und ich ziehe dich die Rutsche hinauf.

Wir gehen gemeinsam die Rutsche hinauf und wechseln immer wieder von einer Bank zur anderen.

Auf der Rutsche kann man auch Eisenbahn fahren. Wir sitzen dicht hintereinander, einer von uns ist die Lokomotive, der andere ein Personenwaggon, gemeinsam geht es dann schnell nach unten.

Wie ein Flugzeug mit einem Passagier fliegen wir nun die Rutsche hinunter. Ich liege auf dem Bauch und du auf meinem Rücken.

Ich lege mich jetzt quer über die Rutsche. Kannst du trotzdem hinaufgehen?

Das Kinderbett

Auf einem solch wackligen Bett kann man wunderbar hüpfen. Wir fassen uns an den Händen und versuchen, gleichzeitig mit beiden Füßen hochzuspringen.

Setz dich doch in die Mitte des Kinderbetts. Ich schaukele dich dann hin und her. Geht das auch umgekehrt?

In und um das Kinderbett soll eine zünftige Kissenschlacht stattfinden.

Du legst dich in das Kinderbett und ich decke dich mit allen Kissen zu, sodass man dich nicht mehr sehen kann. Reichen die Kissen auch aus, um mich völlig zuzudecken?

Wir bauen uns mitten auf dem Bett jetzt einen hohen Turm aus den Kissen. Ob wir über diesen Turm springen können?

Im Kinderzimmer

Du legst dich auf meinen Bauch und wir kullern gemeinsam durch das Kinderbett.

Eine Höhle

Lass uns ausprobieren, ob wir beide auch rückwärts durch die Höhle kriechen können.

Du versteckst dich irgendwo im Kinderzimmer und ich versuche, dich zu finden. Anschließend möchte ich mich auch verstecken.

Ich krieche von der einen Seite in die Höhle, du kommst von der anderen Seite. Ich bin gespannt, wo wir uns treffen.

Einer von uns beiden krabbelt durch die Höhle. Aber aufgepasst, denn der andere wartet an den Lücken und versucht zu kitzeln! Wer kitzelt zuerst?

Du krabbelst durch die Höhle und nimmst ein langes Springseil mit. Ich halte ein Ende des Seils fest und ziehe dich anschließend wieder zurück.

Der Teddy

Jeder von uns springt jetzt vom Kopf des Teddys in ein Ohr hinein. Du in das rechte und ich in das linke Ohr.

Einer von uns baut im Teddybild immer neue Brücken. Der andere klettert durch sie hindurch.

Wir wollen sehen, durch welche Körperteile unseres Teddys wir hindurchkriechen können.

Lass uns ausprobieren, von welchen Körperteilen des Teddys man herabspringen kann.

Du gehst einmal über alle Körperteile vom Teddy und wir überlegen gemeinsam, wie sie heißen.

Im Kinderzimmer

Lass uns versuchen, uns in jedem Körperteil vom Teddy anders fortzubewegen.

AUF DEM SPIELPLATZ

Methode:

Karteikarten mit Spielideen bereitstellen. An einer Hallenwand hängt für alle sichtbar die Spielplatzordnung. Folgender Text ist zu lesen:

Regeln zum Benutzen dieses Spielplatzes

1. Dieser Spielplatz darf nur gemeinsam von Erwachsenen **und** Kindern aufgesucht werden.
2. Der Gebrauch der Spielgeräte für die Kinder ist nur dann erlaubt, wenn ihre Eltern sie **gleichzeitig** benutzen.
3. Alle Eltern und Kinder sind aufgefordert, sich Aufgaben auszudenken, wie sie **gemeinsam** an den Spielgeräten agieren können. Hier ist Einfallsreichtum und Kreativität gefragt.
4. Für Familien, die im Moment keine tollen Einfälle haben, hat der Bürgermeister einige Ideen von Einwohnern der Gemeinde gesammelt und hält diese in einem Karteikasten bereit. Sie müssen nach dem Lesen wieder zurückgelegt werden.
5. Als Hilfsmittel dürfen Bohnensäckchen, Luftballons und Medizinbälle eingesetzt werden.

Im Klettergarten

Lass uns testen, wo man im Klettergarten aufrecht gehen kann und wo man auf allen vieren klettern muss.

An welchen Stellen können wir im Klettergarten abspringen? Es darf dort nicht zu hoch sein und außerdem müssen wir einen weichen Landeplatz haben.

Im Klettergarten gibt es viele Wege. Wir fangen jeder an einer anderen Ecke an und wollen abwarten, ob sich unsere Wege kreuzen.

Wir versuchen jetzt beide, mit einem schweren Gewicht durch den Klettergarten zu steigen. Ich nehme einen Medizinball und du ein Bohnensäckchen mit.

Auf dem Spielplatz

Ich befestige einige Luftballons im Klettergarten. Kannst du nacheinander alle berühren oder sie sogar mitbringen?

Kullerberg

Der Kullerberg ist breit genug, sodass wir beide nebeneinander einen Purzelbaum machen können.

Kletter du auf meinen Rücken, dann versuche ich, dich auf den Kullerberg zu tragen. Oben angekommen, rutschen wir wie Robben wieder herunter.

Ich lege mich jetzt ganz oben auf den Kullerberg, du legst dich auf meinen Bauch. Dann halten wir uns ganz fest und kullern gemeinsam hinunter.

Ich setze mich mit geschlossenen Augen auf den Kullerberg. Du versuchst, dich an mir vorbeizuschleichen, ohne dass ich dich bemerke. Ob du mich bemerkst, wenn ich schleiche?

Du wirfst ganz viele Schwämme und weiche Bälle auf den Kullerberg. Mir gefällt das aber gar nicht und ich werfe alles sofort wieder runter. Danach tauschen wir die Rollen.

Auf dem Spielplatz

Was meinst du, ob du wohl als Schubkarre auf den Kullerberg fahren kannst?

Wippe

Lass uns nacheinander vom einen Ende der Wippe zum anderen gehen. Dabei laufen unsere Füße auf dem unteren Brett.

Ich gehe rückwärts auf dem oberen Steg der Wippe. Du gehst auf dem unteren Steg vorwärts und gibst mir beide Hände zur Sicherheit. Anschließend tauschen wir die Rollen.

Wenn wir auf dem unteren Steg der Wippe gehen, können wir noch einen dicken Medizinball mitnehmen und ihn auf die andere Seite tragen.

Ich versuche jetzt, dich auf meinem Rücken von einem Ende der Wippe zum anderen zu tragen.

Leg dich unter dem Steg auf die Bank. Ich versuche nun, auf dem oberen Steg von einer Seite zur anderen zu balancieren.

Auf dem Spielplatz

Jeder von uns setzt sich an ein Ende der Wippe und dann schaukeln wir immer wieder auf und nieder.

Große Schaukel

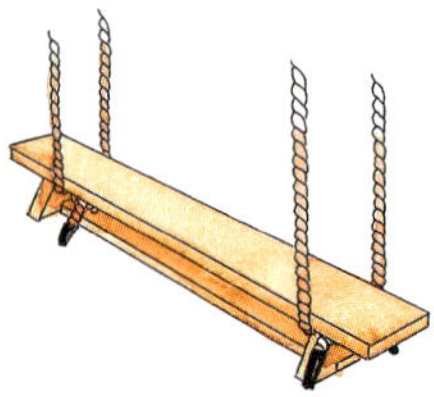

Ich setze mich im Grätschsitz auf die große Schaukel und du kommst auf meinen Schoß. Dann geht es mit großem Schwung hoch in die Luft.

Die Schaukel wird zum Doppeldecker. Du liegst oben auf dem Schaukelbrett und ich auf dem unteren Steg. Geht es auch umgekehrt?

Wir setzen uns beide auf den unteren Steg der Schaukel, aber so, dass wir uns anschauen und gegenseitig festhalten können.

Wir stellen uns jetzt auf die große Schaukel, jeder auf eine Seite. Wir halten uns an den Seilen fest und schaukeln nicht vor und zurück, sondern hin und her.

Wir legen uns nebeneinander auf der großen Schaukel auf den Bauch. Wenn wir die Arme und Beine hochheben, sehen wir wie Flugzeuge aus.

Auf dem Spielplatz

Wir steigen von den beiden Endpunkten auf die große Schaukel und ziehen uns dann in der Bauchlage aufeinander zu.

AUF DER RITTERBURG

Methode:

In einer Schatztruhe wurden sehr alte Schriftstücke entdeckt. Sie sind schon völlig abgegriffen, aber man kann die Botschaften, die darauf geschrieben sind, noch entziffern. Es macht Spaß, einmal so richtig in den alten Papieren zu wühlen und sich dann für eins zu entscheiden. Es wird von Mami oder Papi vorgelesen und dann in den Papierberg zurückgelegt. Nun geht es gemeinsam an die Durchführung der Botschaft.

Das Burgtor

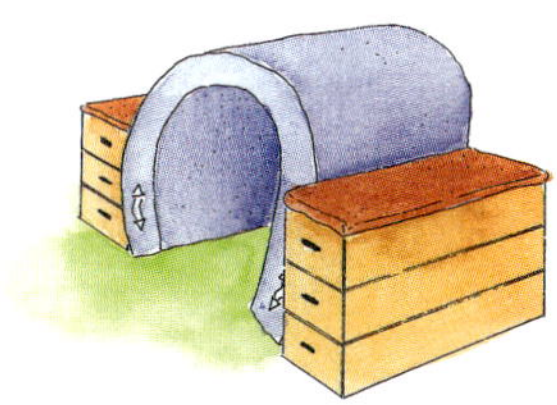

Rund um das Burgtor kann man herrlich Fangen spielen. Du läufst mir weg und ich versuche, dich einzufangen.

Ich klettere von der einen und du von der anderen Seite auf das Burgtor. Wenn ich oben bin, baue ich für dich eine Brücke und du kriechst darunter durch.

Ein Pferd kann ganz leicht durch das Burgtor hindurchreiten. Aber ob es auch mit seinem Reiter über das Burgtor kommt?

Der Aussichtsturm

Vom Aussichtsturm führt ein steiler Weg nach unten. Lass uns beide ausprobieren, wie man ihn benutzen kann.

Zwei schwere Kugeln müssen hinauf auf den Turm gebracht werden. Jeder von uns rollt eine bergauf und lässt sie dann wieder herunterkullern.

Wenn feindliche Ritter unsere Burg überfallen wollen, müssen wir gut gerüstet sein. Wir nehmen uns jede Menge Munition (Zeitungsbälle, Softbälle) mit auf den Aussichtsturm und üben das gezielte Werfen. Ich helfe dir, die Munition hinaufzutragen.

Manchmal muss man sich schnell vom Aussichtsturm in Sicherheit bringen. Da hilft oft nur ein mutiger Sprung in die Tiefe. Wir beide wollen das vorsorglich üben, es muss ja nicht von ganz oben sein.

Auf der Ritterburg

Lass uns versuchen, durch die vielen eckigen Fenster auf den Aussichtsturm zu klettern.

Am Burggraben

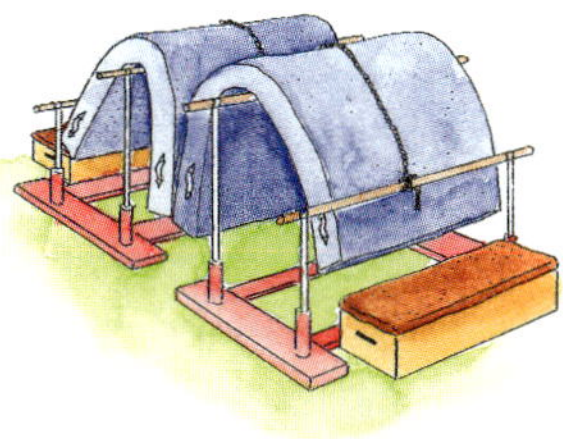

Jeder von uns steigt auf einen anderen Rand des Burggrabens. Dann lass uns mal schauen, ob wir auf die gegenüberliegende Seite des Grabens springen können.

Wir klettern jetzt auf den Rand des Burggrabens und lassen uns beide auf dem Po in den Graben rutschen.

Ob wir beide mutig genug sind, um uns mit dem Kopf voran in den Burggraben zu stürzen?

Jeder von uns fasst das Ende eines Seils und wir versuchen gemeinsam, aus dem Burggraben zu klettern.

Auf der Ritterburg

Vom Rand des Burggrabens wollen wir bäuchlings rückwärts nach unten rutschen.

IM SCHWIMMBAD

Methode:

Es gibt eine Anzahl von Fischen, die aus Tonpapier ausgeschnitten und am Maul mit einer Büroklammer versehen werden. Auf ihren Bäuchen befinden sich Sprechblasen mit den formulierten Aufgaben. Die Kinder holen mit einer kleinen Magnetangel einen Fisch heraus. Nachdem die Spielidee vorgelesen wurde, wandert er wieder in sein Aquarium (kleiner Kasten oder aufblasbares Planschbecken) zurück.

Das Wellenbad

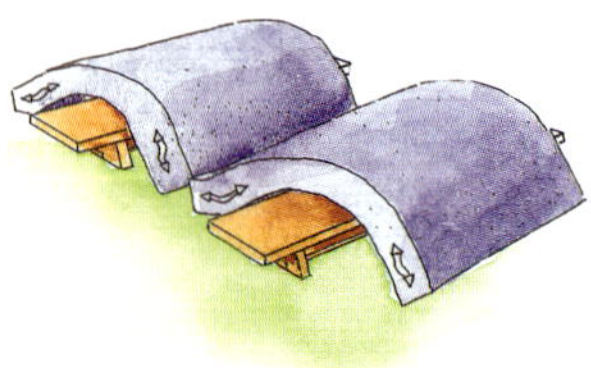

Mit einer Schubkarre sollen Bausteine durch das Wellenbad gefahren werden. Du legst dir einen Stein (Bohnensäckchen) auf den Rücken. Ich schiebe dich durch die Wellen.

Du bist völlig durchgefroren und darfst jetzt eine Zeit lang nicht ins Wellenbad. Ich passe gut auf, dass du auch wirklich draußen bleibst.

Seehunde wurden im Wellenbad entdeckt. Es war ein großer und ein kleiner Seehund, die da auf dem Bauch durch die Wellen rutschten.

Wir fassen uns an den Händen und stürzen uns rückwärts in die Wellen. Wie kommen wir dann rückwärts am besten auf die andere Seite?

Sprungturm mit Sprungbecken

Auf dem Sprungturm müssen Reparaturarbeiten durchgeführt werden. Mit der Schubkarre wird Material hinaufgebracht.

Komm, wir beide wollen ausprobieren, wer am weitesten vom Sprungturm nach unten springen kann.

Im Wasserbecken sind Kreise zu sehen, in die man hineinspringen kann. Da muss man sehr gut zielen, damit man mit den Füßen in die Mitte trifft. (Mit Kreide Kreise auf die Matte malen.)

Wir krabbeln gemeinsam auf den Sprungturm. Oben angekommen, stellen wir fest, dass er mächtig hoch ist, zu hoch, um hinunterzuspringen. Vorsichtig krabbeln wir rückwärts wieder hinunter.

Traust du dich, mit geschlossenen Augen hoch oben auf den Sprungturm zu steigen und dann mit einem weiten Satz nach unten zu springen? Natürlich bin ich immer ganz dicht neben dir und passe auf dich auf.

Auf der Treppe, die zum Sprungturm führt, liegt ein müder Mensch im Weg. Er kann nicht mehr weiter. Kommst du trotzdem hinauf?

Im Sprudelbad

(In Streifen gerissene Zeitungen)

Wir wollen uns im Sprudelbad gegenseitig durch das Hochwerfen von Schaum so richtig nass spritzen.

Ich lege mich in das Sprudelbad und du deckst mich mit dem Schaum zu, sodass man mich nicht mehr sehen kann.

Du legst dich in das Sprudelbad und ich decke dich mit Schaum völlig zu. Nachher versuche ich, deine Hand, einen Fuß oder deinen Bauch zu finden.

Wir setzen uns in das Sprudelbad und strampeln so kräftig mit den Füßen, dass der Schaum nach allen Seiten wegfliegt.

Wir suchen uns jetzt noch eine Mami und ein Kind, mit ihnen wollen wir dann eine wüste Wasserschaumschlacht veranstalten.

Ich verstecke jetzt einen meiner Turnschuhe im Sprudelbecken. Du sollst ihn dann suchen und gleich wieder für mich verstecken.

Lass uns gemeinsam einen großen Schaumberg zusammenschieben. Das letzte bisschen Schaum muss auch noch obendrauf.

Das große Klettergelände

Du versteckst ein kleines Spielzeug irgendwo im Klettergelände und ich versuche, es zu finden.

Lass uns ausprobieren, auf welchen Wegen ich mit dir als kleinem Reiter auf dem Rücken im Klettergelände gehen kann.

Jeder von uns beiden beginnt an einer anderen Stelle im Klettergelände. Ich bin gespannt, wo wir uns treffen.

Es sollen sehr viele Materialien auf die höchste Stelle des Klettergeländes transportiert werden. Gemeinsam werden wir das schaffen.

Zusätzliche allgemeine Aufgaben

Wir machen gemeinsam einen Rundgang über alle Attraktionen im Schwimmbad.

Jetzt wird Fitness verlangt. Wir laufen beide eine Runde um das Schwimmbadgelände.

Der Bademeister stellt euch seinen Elektrokarren (Mattenwagen) für eine Besichtigungsrunde zur Verfügung.

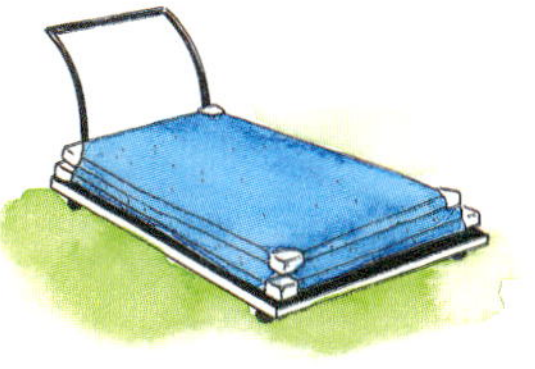

Du darfst dich im Schwimmbadgelände verstecken und ich werde dich dann suchen. Wenn ich dich gefunden habe, verstecke ich mich.

Du darfst dir beim Bademeister (ÜL) eine kleine Belohnung abholen.

AUF DEM JAHRMARKT

Methode:

In einem Loseimer stecken viele Zettel mit den aufgeschriebenen Aufgaben. Hier gewinnt jeder. Die Kinder ziehen ein Los, die Eltern lesen die Aufgabe vor und legen das Los wieder zurück in den Eimer. Dann wird die gewonnene Aufgabe durchgeführt, und zwar so oft und so lange, wie jedes Paar dies mag.

Geisterbahn für die Füße

Wir gehen jetzt gemeinsam über die Geisterbahn und finden heraus, wie die Dinge sich anfühlen, auf denen wir gehen.

Du schließt deine Augen, ich führe dich zu einer Stelle der Geisterbahn. Ob du erfühlen kannst, auf was du dann stehst?

In Kasteninnenteile werden Materialien unterschiedlicher Oberflächenstruktur gelegt. Bewährt haben sich: Blätter, Korken, Schwämme und Schaumstoff, Noppenplastik, Kunststofffußabtreter, Hydrosteinchen, ein feuchtes Handtuch, Fell und Gymnastikseile.

Komm, wir krabbeln jetzt auf allen vieren durch die Geisterbahn! Am besten ist es, wenn wir Schuhe und Strümpfe dazu ausziehen.

54396

Auf dem Jahrmarkt

Ich schließe jetzt meine Augen und du führst mich über die Geisterbahn.

Das Labyrinth

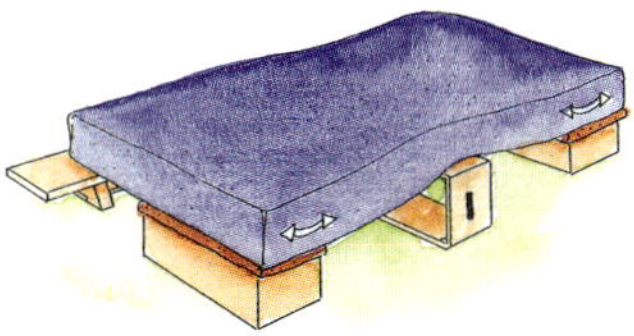

Es gibt zwei Eingänge in das Labyrinth. Jeder von uns beginnt an einer anderen Stelle. Wo werden wir uns treffen?

Du versteckst dich jetzt im Labyrinth. Wenn du mich rufst, versuche ich, dich zu finden.

Ich krieche jetzt durch das Labyrinth und lege dort einen Wollfaden als Spur. Du sollst dann der Spur folgen und den Faden wieder mit herausbringen.

Du versteckst ein kleines Spielzeug im Labyrinth, ich muss es dann finden. Anschließend darf ich es verstecken und du suchst.

Auf dem Jahrmarkt

Wollen wir uns einen kuscheligen Platz im Labyrinth suchen und dort ein Fingerspiel spielen?

Auf dem Hochseil

Wir legen uns jetzt ein Hindernis auf das Hochseil (Medizinball, Pylone o. Ä.) und versuchen dann, von einer Seite zur anderen zu kommen, ohne das Hindernis zu berühren.

Ich gehe rückwärts und du vorwärts über das Hochseil. Wir fassen uns dabei an beiden Händen. Danach tauschen wir die Rollen.

Du schließt jetzt deine Augen. Ich fasse dich an der Hand und wir gehen gemeinsam über das Seil.

Kannst du so gut auf mich aufpassen, dass ich auch mit geschlossenen Augen über das Hochseil gehen kann?

Wir beide wollen gemeinsam versuchen, ein kleines Kunststück hoch oben auf dem Seil zu zeigen. Hast du eine gute Idee, wie das Kunststück aussehen könnte?

54396

Auf dem Jahrmarkt

Ich nehme dich jetzt auf meinen Rücken und dann gehen wir zusammen über das Seil.

Das Kinderkarussell

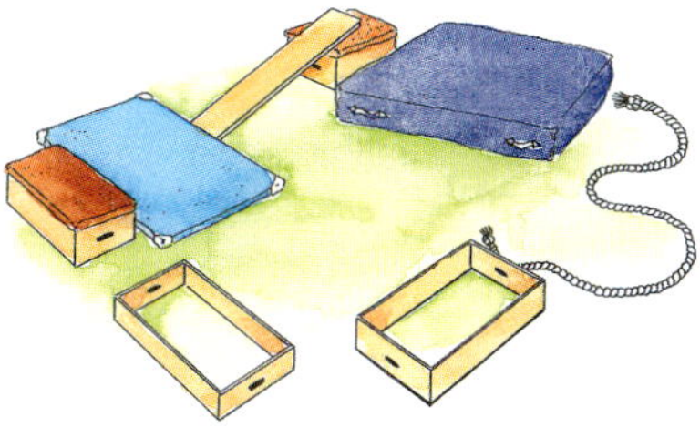

Ich baue irgendwo auf dem Karussell eine Brücke und du kriechst darunter durch.

Sausend schnell, sausend schnell, dreht sich unser Karussell. Wir beide sausen, so schnell wir können, über alle Geräte, immer rundherum.

Ich mache dir vor, wie man rückwärts über das Kinderkarussell fahren kann und dann versuchst du es auch.

Ich fahre mit dir Eisenbahn auf dem Kinderkarussell. Wer soll zuerst die Lokomotive sein?

Da steht ein Pferdchen auf dem Kinderkarussell. Möchtest du der kleine Reiter sein? Ich nehme dich dann auf meinen Rücken.

Auf dem Jahrmarkt

Ich fahre mit dir als Schubkarre über das Kinderkarussell.

IM DSCHUNGEL

Methode:

Von der Sprossenwand hängen ungleich lange Lianen (Fäden) herunter. An ihren Enden hängen exotische Blüten, auf denen die Aufgaben stehen. Es gibt Blüten in vier verschiedenen Farben, die an den Gerätekonstrukten wiederkehren.

Eltern und Kinder klettern an der Sprossenwand hoch, wählen eine Blüte aus, der darauf stehende Text wird vorgelesen. Anschließend begeben die beiden sich an das Gerät, das mit der gleichen Farbe markiert ist wie die ausgewählte Blüte.

Die Affenschaukel

Wir setzen uns gegenüber in die Affenschaukel und schaukeln, so fest wir können.

Lass uns versuchen, uns im Stehen in der Schaukel hin und her zu wiegen.

Ich lege mich auf den Rücken in die Schaukel und du legst dich auf meinen Bauch.

Im Sumpfgelände

Lass uns versuchen, ob wir nach einem einzigen Sprung im Sumpf ans rettende Ufer kommen.

Mit beiden Händen am sicheren Rand des Sumpfs (Weichboden) wollen wir ganz fest und schnell auf dem schwingenden Untergrund laufen.

Wir springen jetzt nebeneinander in den Sumpf (Trampolin) und retten uns mit einem Sprung ans Ufer.

Mit beiden Händen am sicheren Rand des Sumpfs (Weichboden) hüpfen wir einige Male und machen dann eine Rolle (Purzelbaum) auf den weichen Rand.

Der Affenfelsen

Die großen und kleinen Affen suchen sich unterschiedliche Wege und klettern im Felsen, ohne sich zu berühren.

Der kleine Affe legt sich seiner Mami als Hindernis in den Weg. Kann die Affenmama über ihr Kind hinwegsteigen?

Alle großen und kleinen Affen tragen Vorräte zum höchsten Punkt des Felsens.

Ein großer und ein kleiner Affe toben ausgelassen auf dem Affenfelsen herum.

Ein großer Affe trägt sein Kind vor dem Bauch oder auf dem Rücken über den Affenfelsen. Der kleine Affe muss sich gut an seiner Mami festhalten.

Die Dschungelbrücke

Ich kann sogar auf allen vieren auf dem Geländer der Dschungelbrücke gehen. Ich klettere nun oben und du unten unter mir. Kannst du etwa auch auf dem Geländer gehen?

Wir kriechen ganz dicht hintereinander über die Dschungelbrücke. Ich krieche vorn und du fasst meine Fußgelenke.

Jeder von uns beginnt auf einer anderen Seite der Brücke. Ich bin gespannt, wie wir aneinander vorbeikommen.

Ich lege mich in der Mitte quer über die Brücke. Kannst du über mich klettern?

Lass uns versuchen, ob wir über die Dschungelbrücke gehen können, ohne uns am Geländer festzuhalten.

Am Krokodilfluß

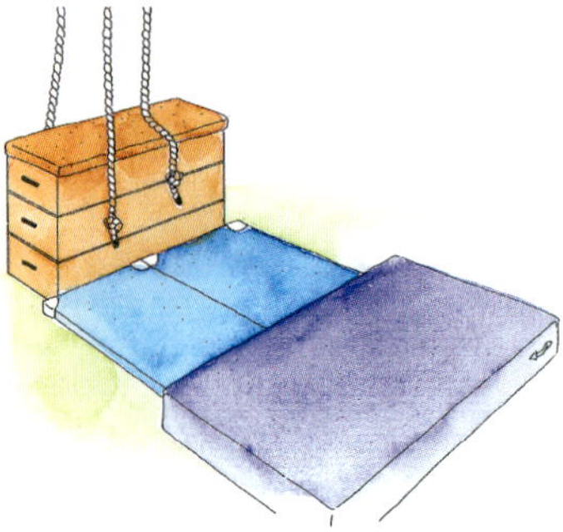

Ich lege mich auf den Rücken in den Fluss und bin ein gefährliches Krokodil. Du schwingst über den Fluss hinweg und ich versuche, deine Füße zu schnappen.

Wir wollen beide ganz mutig über den Krokodilfluss schwingen. Ich setze mich auf einen Knoten und du auf meinen Schoß.

Wenn wir jeder ein Seil nehmen, können wir gemeinsam ans andere Ufer des Krokodilflusses schwingen und dann abspringen.

Ich stehe am anderen Ufer vom Krokodilfluss. Bitte bringe mir mit den Füßen eine Kokosnuss (einen Wasserball) hinüber.

DIE BESONDERE TURNSTUNDE

Eltern-Kind-Turnen ist mehr, als einmal in der Woche miteinander eine Stunde bei Bewegung und Spiel in der Turnhalle zu verbringen. Wenn wir erreichen wollen, dass sich eine harmonische Gemeinschaft entwickelt, in der man ungezwungen und vertrauensvoll miteinander umgehen kann, in der sich die Eltern und Kinder untereinander kennen und wo Kinder auch Zutrauen zu den Eltern anderer Kinder haben, brauchen wir Anlässe, die ein besseres Kennenlernen ermöglichen.

Besondere Turnstunden, die gleichzeitig besondere Erlebnisse mit sich bringen, sind ein geeignetes Mittel, um die Beziehungen der Gruppenmitglieder untereinander zu intensivieren. Hier ergeben sich Möglichkeiten, um auch außerhalb der normalen Übungsstunde miteinander sprechen und spielen zu können. Gelegenheiten, um gemeinsame Interessen zu entdecken und sich über anstehende Probleme auszutauschen. Besondere Unternehmungen helfen außerdem, neue Mitglieder in die Gruppe zu integrieren und ihnen den Start und das Einleben in besonderem Maße zu erleichtern.

Die im Jahresverlauf herausragenden Feiertage wie Karneval, Sankt Martin und Weihnachten können durch ein Frühlings- oder Sommerfest, einen gemeinsamen Ausflug ins Schwimmbad, einen fröhlichen Spielnachmittag oder eine Schnupperstunde für interessierte Großeltern oder noch zögernde Eltern mit ihren Kindern ergänzt werden.

Schon bei der Planung und Vorbereitung werden alle Gruppenmitglieder, also auch die Kinder, eingebunden. Durch Bastel- und Malarbeiten können schon die Kleinsten zur Vervollständigung der Dekoration beitragen. Für besonders aufwändige Arbeiten, wie z. B. das Ausschneiden von Spielkarten oder Figuren, treffen wir uns mit den Erwachsenen am Abend zum gemeinsamen Tun, wobei das Zusammensein ohne Kinder sicher für viele Eltern besonders interessant und entspannend sein kann.

Für die Finanzierung einer besonderen Veranstaltung wird wohl jeder Kassenwart gern einen angemessenen Betrag bereitstellen, denn schließlich beansprucht die Eltern-Kind-Gruppe keine Startgelder oder Wettkampfkleidung.

Besondere Aktivitäten haben noch einen weiteren positiven Aspekt: Sie vermitteln den Eltern wertvolle Anregungen für eigene Unternehmungen mit der Familie oder für Kindergeburtstagsfeiern.

„MEIN BALL – DEIN BALL – UNSERE BÄLLE"

Für die Erwachsenen der Allerkleinsten wird die folgende Turnstunde zu einem interessanten Erlebnis.

Wir bitten die Eltern, einen eigenen Ball mit in die Turnstunde zu bringen und verbinden damit eine besondere Absicht: Durch die Vielfalt der Farben und Muster und die Vertrautheit mit dem Spielgerät wird das Kind immer wieder **seinen** Ball aus der Menge herausfinden. Spannend wird es aber dann, wenn es wild durcheinander geht, wenn es nicht mehr darauf ankommt, den eigenen Ball wiederzuholen, sondern auch einmal mit dem eines anderen Kindes zu spielen. Wie werden sich die Kinder verhalten? Den fremden Ball holen, ist ja nicht so schwer, den eigenen hergeben, wird sicherlich zu einem größeren Problem. Aber mit dem sozialen Lernen kann man ja nicht früh genug beginnen und wenn die Kleinen sich sicher sein können, dass sie **ihren** Ball immer wieder zurückbekommen, lassen sie es auch zu, dass ein anderes Kind mit ihrem Ball spielt.

Obwohl sehr große Bälle eigentlich für ein Kleinkind zu unhandlich und zu schwer sind, üben sie doch eine magische Anziehungskraft auf die Kinder aus. Deshalb sollte man darauf achten, dass die Größe der Bälle, die mitgebracht werden, annähernd gleich ist. Sonst fließen möglicherweise dicke Tränen, wenn es heftige Kämpfe um den dicksten Ball gibt.

Nach einer freien Spielphase können folgende Bewegungsideen vorgeschlagen und gemeinsam versucht werden:

DIE BESONDERE TURNSTUNDE

Alle Bälle werden auf den Boden gelegt.

Eltern und Kinder laufen durch den Raum. Jeder Ball, der am Weg liegt, wird mit der Hand weggeschubst.
Eltern und Kinder spielen alle Bälle, die in der Halle liegen, mit dem Fuß.
Eltern und Kinder gehen von einem Ball zum anderen, heben ihn auf und werfen ihn so weit wie möglich weg.
Eltern und Kinder decken auf ein Zeichen irgendeinen Ball mit ihrem Körper zu.

Zwei Eltern-Kind-Paare setzen sich mit gegrätschten Beinen auf den Boden, die Fußsohlen sollen sich berühren.

Eltern und Kinder rollen sich ihre zwei Bälle kreuz und quer durch den kleinen Kreis zu, anschließend wird ein Ball zur Seite gelegt und mit dem anderen gespielt. Nach einer Weile kommt der andere Ball ins Spiel, der erste Ball muss ausruhen.

Alle Eltern und Kinder setzen sich in einem großen Kreis auf den Boden.

Alle Bälle werden kreuz und quer durch den Kreis gerollt.
Auf ein verabredetes Zeichen werden alle Bälle gleichzeitig hoch in die Luft geworfen (Feuerwerk). Jedes Kind holt sich danach einen Ball (seinen eigenen?) und das Spiel beginnt von vorn.
Bewusst eingeplante Beobachtungsphasen, in denen die Erwachsenen ihren Sprößlingen zuschauen und ihr Verhalten beobachten können, machen diese Stunde zu einer aufschlussreichen Erfahrung.

„MIT DEM TEDDY GEHT'S NACH DRAUSSEN" – EINE AUFGABENWANDERUNG

Die meisten Teddys kommen viel zu selten an die frische Luft, sie verbringen die überwiegende Zeit ihres Lebens im Spielzimmer, im Bett oder auf einem Regal neben anderen Stofftieren. Kein Wunder, dass sie sich nun verbündet haben und von uns verlangen, dass wir mit ihnen einen Ausflug machen, bei dem sie wenigstens eine Nebenrolle spielen. Für die Kinder ist diese Wanderung ein besonderer Erlebnishöhepunkt im Laufe des Turnjahres, über den sie sich zu Hause mit ihrem Teddy noch lange unterhalten werden.

Vorbereitung:

Für die Wanderung mit den Teddys suchen wir einen Weg durch ein nahe gelegenes Waldstück oder einen Park aus. Die Länge der Strecke sollte sich nach den kürzesten Beinchen und kleinsten Füßchen richten, also von allen zu bewältigen sein. Schon während der Begehung des Weges suchen wir nach geeigneten Stellen, die dazu einladen, bestimmte, kleine Aufgaben durchzuführen. Ein umgestürzter Baum lädt beispielsweise dazu ein, mit dem Teddy zu balancieren, dicke Bäume fordern dazu heraus, Verstecken zu spielen und ein breiter Waldweg eignet sich für ein Wettrennen zwischen Mami oder Papi und den Kindern mit ihren Teddys.

Ist man sich über den Verlauf der Wanderung im Klaren, muss der Weg markiert werden. Natürlich sind es die Teddys, die uns den Weg weisen. Es werden viele kleine Bären aus farbigem Papier ausgeschnitten (siehe Kopiervorlage) und am Tag der Durchführung entlang des Weges an Bäumen, Büschen oder Zäunen angebracht. Alle Teilnehmer werden in Kleingruppen, die sich am Alter und Leistungsvermögen der Kinder orientieren sollten, eingeteilt. Jeder Gruppe wird eine andere Teddyfarbe zugewiesen. Diese Organisationsform gewährleistet, dass auch die kleineren und weniger schnellen Kinder die Chance haben, Wegweiser zu entdecken und zu sammeln und die größeren Kinder ihr eigenes Tempo wählen können.

An einigen, besonders geeigneten Stellen entlang des Weges findet man auf Plakaten Teddys, die in einer großen Sprechblase unterschiedliche Aufgaben an die Kleingruppen stellen.

Ob die Wanderung mit einem gemeinsamen Eisessen oder einem zünftigen Picknick endet, kann mit der Eltern-Kind-Gruppe im Vorfeld besprochen und entschieden werden. Jedes Kind bringt auf jeden Fall seinen Teddy mit und die Erwachsenen sorgen – je nach beabsichtigtem Ausklang der Wanderung – für die notwendigen Requisiten.

Durchführung:

Am Tag der Durchführung stimmt die Übungsleiterin die Eltern und Kinder auf die bevorstehende Wanderung mit einer kleinen Teddygeschichte ein. Sie teilt die Gruppen ein und überreicht jedem Team einen großen Teddy aus farbigem Karton, der sinnvollerweise an einem Stock angebracht ist, sodass er weithin sichtbar ist und allen Kindern als Orientierungshilfe dienen kann.

Die Übungsleiterin erklärt die Bedeutung der im Wald angebrachten Teddykarten und bittet die Teilnehmer der leistungsstärksten Gruppe, hin und wieder eine kleine Rast einzulegen und auf die Nachkommenden zu warten.

Wenn alle Fragen beantwortet sind, setzt sich die Gesellschaft in Bewegung, unser Ausflug mit den Teddys kann beginnen.

Je nach der Beschaffenheit des Geländes können den Eltern und Kindern folgende Aufgaben angeboten werden:

Material für den Teddy

Während des gesamten Spaziergangs sammeln Eltern und Kinder Zapfen, Gräser, Steine oder schöne Blätter für ein riesiges Teddybild, das alle zusammen am Ende der Wanderung auf den Waldboden zaubern werden. Jede Familie sammelt und trägt mit den zusammengetragenen Materialien zur Gestaltung bei. Je nach Beschaffenheit des Untergrundes kann man die erwünschten Umrisse des Teddys mit einem Stock in den Boden ritzen oder mit Kreide aufmalen.

Der verschwundene Teddy

Die Teddys haben sich verirrt. Nun hocken oder liegen sie hier irgendwo herum. Sie haben große Angst und befürchten, den Weg nach Hause nicht mehr zu finden. Die Kinder helfen ihnen gern und suchen so lange, bis jedes Kind seinen Teddy gefunden hat.

Eltern verstecken die Teddys der Kinder hinter Bäumen, im Geäst der Büsche, im tiefen Laub oder hohen Gras. Die Kinder, die sich vorher abgewendet haben, suchen ihren eigenen Teddy.

Alle Teddys fliegen hoch

Die Teddys sind so froh, dass sie endlich auch einmal mit in den Wald gehen dürfen, dass sie vor Freude hoch in die Luft fliegen möchten. Hier sind wir gerade an einer Stelle, an der schönes, weiches Gras verhindert, dass sich die Teddys beim Herunterfallen wehtun können, deshalb erfüllen wir ihnen ihren Wunsch.

Eltern und Kinder werfen abwechselnd den Teddy hoch und versuchen, ihn aufzufangen.

Ein Haus für den Teddy

Eigentlich können sich Bären selbst eine gemütliche Höhle bauen. Unsere Teddys, die schon so lange in unseren Kinderzimmern wohnen, haben das verlernt. Deshalb wollen wir ihnen dabei helfen und ihnen ein richtig schönes Waldhaus bauen. Aus Stöckchen und Astgabeln stellen wir das Gerüst auf und decken es dann mit Blättern oder Grashalmen zu. Wenn ihr Lust habt, könnt ihr dem Teddy auch noch einen schönen Garten anlegen.

Der bärenstarke Wettlauf

Hier sind wir gerade an einem schönen geraden Wegstück angekommen. Alle Kinder nehmen jetzt ihren Teddy unter den Arm, die Eltern lockern ihre Beine. Nun wollen wir sehen, wer bei einem Wettlauf schneller ist. Auf die Plätze – fertig – los!

Gleichgewichtstraining für den Teddy

Über diesen am Boden liegenden Baumstamm soll der Teddy nun balancieren. Zuerst fassen die Kinder ihren Teddy an der Hand und gehen Schrittchen für Schrittchen mit ihm über den Stamm. Anschließend darf er beim Balancieren noch auf der Schulter sitzen oder auf Mamis oder Papis Rücken getragen werden.

Lange, lange Teddyschlange

Alle Erwachsenen, Kinder und Teddys einer Gruppe fassen sich zu einer langen Reihe an. Im Slalom bewegen sich nun alle um herumstehende Bäume oder Büsche. Alle nehmen aufeinander Rücksicht, sodass keiner den Anschluss verliert.

Teddys Kunststücke

Mit dem Teddy im Arm stellen sich alle Kinder zusammen mit ihren Eltern im Kreis auf. Gemeinsam sprechen und spielen wir folgenden Sprechreim:

Teddybär, Teddybär, dreh dich um,
Teddybär, Teddybär, mach dich krumm,
Teddybär, Teddybär, heb ein Bein,
Teddybär, Teddybär, lauf schnell heim.

Abschluss

Am Ende unserer Aufgabenwanderung rasten wir noch zum Picknick, gestalten unseren Riesenteddy mit den gesammelten Materialien, tanzen, spielen und toben fröhlich um ihn herum und spazieren anschließend zum Ausgangspunkt zurück. Die kleinen Wegweiserteddys wurden unterwegs eingesammelt und dürfen von den Kindern selbstverständlich als Andenken mit nach Hause genommen werden.

„PLITSCH – PLATSCH – WASSERQUATSCH" – FEUCHT-FRÖHLICHE ABENTEUER UNTER DER DUSCHE

Mit Sicherheit haben die Architekten und Bauherren von Turnhallen bei der Einrichtung von Duschräumen im Umkleidebereich nur daran gedacht, dass diese ein ideales Spielgelände für die Teilnehmer der Eltern-Kind-Gruppen sein können. Was liegt also näher, als diese Idee in die Tat umzusetzen und eine Wasserquatsch-Turnstunde durchzuführen, zumal erfahrungsgemäß nicht nur die kleinen Wasserratten einen mordsmäßigen Spaß haben, sondern auch die etwas wasserscheuen Kinder von der Begeisterung und der Spielfreude der anderen angesteckt werden und bald ihre Angst verlieren?

Dies geschieht nicht zuletzt auch durch die mitgebrachten Spielsachen, die dazu beitragen, dass die Kinder von sich selbst abgelenkt werden und ihre Angst vergessen. Wenn sich im Verlauf des Duschfestes herausstellt, dass es mehrere sehr ängstliche Kinder gibt, kann man möglicherweise auf einen zweiten Duschraum zur Differenzierung ausweichen. Auf keinen Fall sollte man ängstliche Kinder zwingen oder überrumpeln, sondern ihre Vorbehalte respektieren und sie notfalls auch als Zuschauer akzeptieren.

Die organisatorischen Dinge sind schnell erklärt: Alle Eltern und Kinder bringen Badekleidung und Handtücher mit und tragen zu Hause noch ein paar Utensilien zusammen, die wir für ein Wasserfest unter der Dusche dringend benötigen, nämlich viele große und kleine Joghurtbecher, große Plastikschüsseln, Spieleimerchen, Schwämme und Schaumstoffteile, Keksdosen, Luftballons für Wasserbomben, Isomatten oder Luftmatratzen und – für die ganz Wasserscheuen – einen kleinen Regenschirm.

Alle Duschen werden mit unterschiedlichen Temperaturen aufgedreht und, damit wir nicht gar so schnell nass werden, gehen alle Eltern und Kinder gut geschützt unter den Duschen durch. Jeder nimmt sich ein Teil von seinen mitgebrachten Gegenständen schützend über den Kopf und in einer lange Reihe marschieren alle von Wasserquelle zu Wasserquelle.

Hintereinander gehen alle Eltern und Kinder mehr oder weniger dicht an den Duschen vorbei. Dabei werden Arme, Beine, Po und Kopf kurz unter das Wasser gestreckt und dann schnell wieder zurückgezogen.

Mehrere mutige Erwachsene bauen dicht nebeneinander im hohen Liegestütz einen langen Tunnel. Alle anderen Teilnehmer krabbeln durch den schützenden Tunnel hindurch.

Jeweils vier Eltern bilden im Stehen mit ausgestreckt zusammengeführten Armen eine Höhle. Die Kinder gehen von einer Höhle zur anderen. Ganz Mutige schauen für kurze Zeit aus den Höhlen heraus.

Die Schwämme werden nass gemacht. Eltern und Kinder reiben sich gegenseitig die Beine, die Arme, den Rücken und das Gesicht ab.

Wassergetränkte Schwämme werden zugeworfen und gefangen oder alle gleichzeitig hoch an die Decke geworfen, sodass ein feuchter Schwammregen von oben herunterfällt.

Keksdosen und Plastikschüsseln werden über den Kopf gestülpt. Eltern und Kinder gehen unter den Duschen hindurch und achten dabei auf die Geräusche, die die prasselnden Wasserstrahlen erzeugen. Diese Geräusche klingen unterschiedlich, je nachdem, wie dicht man die Gefäße über dem Kopf trägt.

Alle Plastikschüsseln werden mit Wasser gefüllt. Eltern und Kinder hauen mit der flachen Hand auf die Wasseroberfläche, pusten ein Loch hinein oder blubbern wie ein Seehund im Wasser.

Alle Kinder halten Isomatten über ihren Kopf. Die Eltern füllen die großen und kleinen Gefäße mit Wasser und kippen es über den Köpfen der Kinder aus. Anschließend sind die Erwachsenen dran, sie krabbeln aber auf allen vieren, damit sie für die Kinder in Reichhöhe sind.

Die Luftballons werden an einem Wasserhahn gefüllt und verknotet. Das Zuwerfen dieser schwabbeligen und glitschigen Wasserbomben findet immer wieder bei kleinen und großen Teilnehmern uneingeschränkte Zustimmung. Oft haben die Erwachsenen mehr Spaß daran als die Kinder und können sich nur mühsam von ihrem Spielrausch lösen.

Zum Schluss findet für alle Wasserratten eine zünftige Wasserschlacht mit allen zur Verfügung stehenden Eimern, Schüsseln, Dosen und Schwämmen statt. Ganz pfiffige Eltern und Kinder organisieren sich eine Isomatte als Schutzschild.

ERTURN DIR EINEN ZAPPELTEDDY – EINE SCHNUPPERSTUNDE

Mit einem offenen Angebot laden wir interessierte Eltern und ihre Kinder zu einer Schnupperstunde ein. Kindgemäß gestaltete Handzettel, die im Einzugsbereich der Turnhalle ausgelegt und im Kindergarten verteilt werden, sollen Appetit darauf machen, sich der bereits bestehenden oder neu zu gründenden Eltern-Kind-Gruppe anzuschließen.

Am Tage der Durchführung sollen Eltern mit Kindern die Möglichkeit erhalten, Turnhalle, Geräte und Inhalte des Eltern-Kind-Turnens kennen zu lernen. Hier sollen positive Bewegungserlebnisse vermittelt werden, bei denen die Besucher Spaß miteinander haben und ohne Zwang und Wettkampfstress miteinander aktiv sein können. Die hier vorgestellte Organisationsform der Stunde dient den Besuchern als Orientierungshilfe in der meist unbekannten Turnhalle.

Auf den Ausrichter kommt dabei einige Arbeit zu: Zum einen muss sowohl die persönliche als auch die sicherheitstechnische Betreuung gewährleistet sein, zum anderen müssen viele Zappelteddyteile ausgeschnitten und der Geräteaufbau vor Beginn der Stunde organisiert werden. Hierbei können möglicherweise die Übungsleiterinnen bereits bestehender Kindergruppen oder einige interessierte und engagierte Eltern helfen.

Jeder Zappelteddy besteht aus sechs Teilen. An jeder Spielstation erwirbt die Familie durch ihre Tätigkeit ein Teil des Bärchens, das zum Schluss mit Tütenklammern zusammengesetzt werden kann.

Zu einer Werbeveranstaltung gehört eine Informationsecke mit Angaben zu den Angeboten vor allem im Eltern-Kind-Turnen im Verein, hier sollte eine Übungsleiterin zu Auskünften und Erläuterungen bereitstehen.

Ein Spielparcours, der auch von den ungeübtesten und ängstlichsten Kindern bewältigt werden kann, ist folgendermaßen denkbar:

Station 1

Begrüßungsecke

Nachdem man mit den Eltern und Kindern gemeinsam ein Fingerspiel gespielt hat, erhält jedes Kind als Eintrittskarte einen Zappelteddybauch. Außerdem wird jeder Familie ein Gymnastikreifen ausgehändigt, der mit dem Namen gekennzeichnet wird und zum Ablegen der erturnten Teile dienen kann.

Station 2

Die Schnitzelgrube

Sehr viele Zeitungen, die in lange Streifen gerissen werden (man benötigt zwei blaue Müllsäcke voll zerrissenes Papier), füllen eine mit Langbänken abgetrennte Ecke der Turnhalle. Eltern und Kinder toben in dieser Schnitzelgrube, bewerfen sich mit Papier, decken sich damit zu oder verstecken bereitliegende, kleine Spielsachen darin.

Station 3

Die Waschanlage

Mit dem Mattenwagen fahren, ist heute erlaubt, denn er muss in die Waschanlage. Hierfür werden zwei hohe Kästen etwa 1 m vor der Reckanlage aufgebaut und mit einem Weichboden oder Schwungtuch bedeckt, sodass ein großes Tor entsteht. Die Reckstangen werden mit langen, bunten Krepppapierstreifen behängt, unter denen das Fahrzeug durchgeschoben wird. Eventuell stehen dahinter noch einige Erwachsene und Kinder mit Schwämmen und weichen Bürsten, mit denen die letzten Schmutzreste beseitigt werden können.

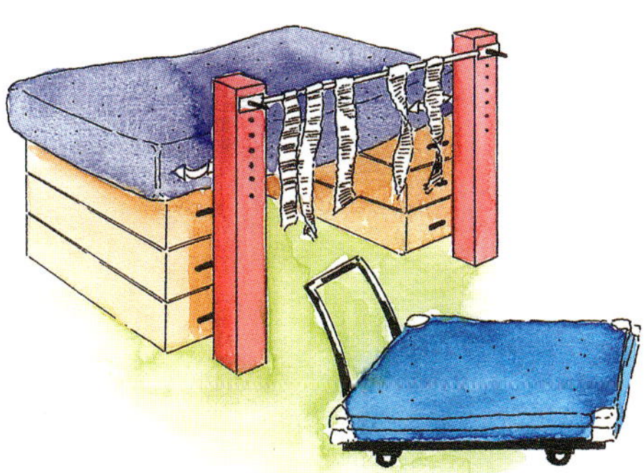

Station 4

Über Berg und Tal

Über eine Bank wird längs ein Weichboden gelegt, an beiden Enden sichern wir den Aufbau mit einer Matte. Hier ist Kullern und Klettern angesagt.

Station 5

Der Sprungturm

Eine Kastentreppe mit einem Weichboden dahinter lädt zum ausdauernden Hinaufsteigen und Herunterspringen ein. Auf dem Weichboden können mit Kreide Landezonen markiert oder ein Bild des Teddybären aufgemalt werden. Die Eltern und Kinder versuchen dann, entweder unterschiedliche Landezonen oder einzelne Körperteile zu treffen.

Station 6

Die Rutsche

Zwei Bänke führen hinauf oder herunter von der Sprossenwand. Hier können Eltern und Kinder ausgiebig klettern, steigen und rutschen.

Bastelecke

Hier liegen Tütenklammern und Malstifte bereit, mit denen die Kinder ihren Teddybären zusammensetzen und künstlerisch ausgestalten können. Mit einer Lochzange und bunten Wollfäden können die erturnten Spielzeugteddys fertig gestellt werden.

Spiel- und Aktionsfläche

Möglichst zentral in der Halle halten wir eine Aktionsfläche frei, wo wir Eltern-Kind-spezifische Angebote, wie zum Beispiel Fingerspiele, Kreisspiele oder Singspiele machen können.

Anmerkung

Die Kopiervorlage und die Bastelanleitung für den Zappelteddy befinden sich auf S. 183.

24 GEHEIMNISVOLLE HÄUSCHEN – EINE WEIHNACHTS-TURNSTUNDE

Vorbereitung

Aus Fotokarton werden, damit es recht lustig aussieht, in unterschiedlichen Farben je acht Herzen, Sterne und Tannenbäume ausgeschnitten und mit den Ziffern 1-24 beschriftet. Aus dem gleichen Material schneiden wir 24 kleine Häuschen (siehe Kopiervorlage, S. 182) aus. Sie alle sind mit Türen versehen, auf denen die Ziffern 1-24 wiederkehren. Hinter den Türen verbergen sich Aufgaben, die im Verlauf der weihnachtlichen Turnstunde zu lösen sind.

Des Weiteren wird für jede Familie eine Spielfigur benötigt. Besonders schön und der Jahreszeit angepasst sind kleine Wichtel aus Kiefernzapfen, die unterschiedliche farbige Filz- oder Stoffhütchen tragen und dadurch leicht voneinander zu unterscheiden sind. Diese Wichtel können zu Hause von den Familien gebastelt und zur Turnstunde mitgebracht werden. Einige Reservefiguren hält die Übungsleiterin am Tag der Durchführung bereit. Für die weihnachtliche Dekoration können die Kinder daheim Goldfolienstreifen oder -sterne herstellen oder sonstige Basteleien mitbringen.

Außerdem benötigen wir noch zwei oder drei Würfel, die so verändert werden, dass die Würfelpunkte 1 bis 3 je zweimal erscheinen, also die Punkte 4 bis 6 überklebt und neu beschriftet werden. Hierdurch wird gewährleistet, dass möglichst viele Häuschen geöffnet werden müssen und somit mehr Aufgaben erfüllt werden können.

Am Weihnachts-Turnstundentag bitten wir zwei oder drei Erwachsene, etwa eine Stunde früher zu kommen, um uns bei den Vorbereitungen ein wenig zu helfen. Es werden 24 Spielstationen aufgebaut, das eventuell benötigte Material dazugelegt und jeder Station das entsprechende Häuschen zugeordnet. Die Sterne, Tannenbäumchen und Herzen mit den 24 Ziffern und das „Spielbrett" werden an einer Hallenwand nebeneinander gelegt. Zum Schluss wird die Halle noch mit einigen Lichterketten, Taschenlampen und möglicherweise von vergangenen Weihnachts-Turnstunden aufbewahrten Basteleien dekoriert.

Und dann ... , ja und dann können die Turnkinder und ihre Eltern kommen. Sie werden im Umkleideraum empfangen und gehen dann alle gemeinsam in die festlich geschmückte und beleuchtete Weihnachts-Turnhalle. Sie versammeln sich in der Nähe des Spielbretts, wo die Weihnachts-Turngeschichte erzählt und der Ablauf der Turnstunde erklärt wird: Jede Familie stellt ihren Wichtel auf und man beginnt zu würfeln. Die Wichtel werden jeweils um die gewürfelte Punktzahl vorgesetzt. Zu der Ziffer, auf der die Spielfigur steht, wird das passende Häuschen gesucht und die hinter der Tür versteckte Aufgabe durchgeführt. Danach wird wieder gewürfelt, vorgesetzt, gesucht und gespielt.

Es muss nicht besonders erwähnt werden, dass es bei diesem Würfelspiel nicht darum geht, wer zuerst bei der 24 angekommen ist. Im Gegenteil, wir nehmen uns viel Zeit, jede Familie darf sich an einer Station so lange aufhalten, wie sie möchte. Bei den letzten Ziffern entwickelt sich ein Dekorationshappening, an dem jeder nach eigenem Belieben schalten und walten kann.

Tür-Nr.	*Bewegungsaufgabe*	*Geräte oder Materialien*
1	Wenn der Weihnachtsmann auf die Erde kommt, benutzt er die Himmelsrutsche. Steigt auf die Sprossenwand und rutscht die Bank herunter. Einmal, zweimal, dreimal!	*Zwei Bänke an der Sprossenwand einhängen, mit Matten absichern.*
2	Wie schwer es für den Weihnachtsmann ist, mit all den Geschenken vorwärts zu kommen, könnt ihr nachempfinden, wenn jeder von euch einen Sack über die Treppe trägt.	*Zwei mit Bällen gefüllte Säcke, eine Kastentreppe mit Weichboden.*
3	Auf seinem Weg zur Erde muss der Weihnachtsmann durch einen langen Tunnel kriechen. Ihr natürlich auch!	*Tunnel aus zwei Bänken und gebogenen Matten.*

4 Pünktlich zu Weihnachten hat es tüchtig geschneit. Formt euch aus Zeitungspapier Schneebälle und macht eine zünftige Schneeballschlacht.

Alte Zeitungen.

5 Auch der Weihnachtsmann kann Fahrrad fahren. Legt euch auf eine Matte und strampelt bis ans Ende der Welt.

Zwei Matten.

6 Auch der Weihnachtsmann braucht Vitamine. Stärkt euch am Obststand!

Ein Körbchen mit Mandarinen.

7 Der Schneemann möchte gern an einem anderen Platz stehen. Tragt die Einzelteile zur anderen Hallenseite und baut ihn dort wieder auf. Nehmt das Häuschen mit!

Schneemann aus drei Medizinbällen, jeweils einen Tennisring zum Stabilisieren.

8 Versucht einmal herauszufinden, was in dem großen Geschenkkarton steckt. Aber nicht hineinschauen!

Ein beklebter Karton mit zwei Löchern, durch die man die Hände stecken kann. Im Karton befinden sich 2-3 Gegenstände zum Ertasten.

9 Sehr gern lässt sich der Weihnachtsmann auf seinem Schlitten ziehen. Nehmt euch ein Rollbrett (Teppichfliese) und zieht euch gegenseitig.

Rollbretter oder Teppichfliesen, Seile.

10 Wenn der Weihnachtsmann müde ist und friert, ruht er ein wenig aus und deckt sich gut zu. Einer von euch legt sich auf eine Matte, der andere deckt ihn vollständig mit Zeitungen zu (Rollentausch).

Alte Zeitungen.

11 Wenn der Weihnachtsmann an einem Bahnhof vorbeikommt, steigt er in den Zug und fährt ein Stückchen mit. Einer von euch ist die Lok, der andere ein Waggon. Fahrt mit lautem Pfeifen und Zischen eine Runde durch die Halle.

12 Der Weihnachtsmann kennt alle Verstecke und findet sie sehr schnell. Einer von euch versteckt ein kleines Spielzeug irgendwo in der Halle, der andere sucht es. Danach wird gewechselt.

Einige kleine Spielsachen.

13 Wenn er über einen zugefrorenen See laufen muss, schnallt sich der Weihnachtsmann seine Schlittschuhe an. Nehmt euch je zwei Teppichfliesen und lauft damit um alle Geräte herum.

Einige Teppichfliesen.

14 Singt so schön und laut ihr könnt: „Lasst uns froh und munter sein ..." Vielleicht findet ihr Freunde, die euch ein wenig unterstützen.

15 Von seinem hohen Aussichtsturm kann der Weihnachtsmann weit über das Land schauen. Steigt so hoch ihr könnt auf die Gitterleiter, nehmt euch ein Fernrohr mit.

Gitterleiter oder Sprossenwand, einige Toilettenrollen als Fernrohre.

16 Malt bitte für den Weihnachtsmann ein schönes, stimmungsvolles Weihnachtsbild.

Buntstifte und Malpapier.

17 In der Weihnachtsbäckerei hilft der Weihnachtsmann beim Plätzchenbacken. Einer von euch legt sich auf die Matte und wird mit dem Nudelholz „ausgerollt".
Anschließend werden die Rollen getauscht.

Eine Matte, ein Nudelholz.

18 So richtig stimmungsvoll wird es erst, wenn überall dicke Schneeflocken liegen. Nehmt ein Bettlaken, legt viele Watteflocken darauf und schüttelt, so fest ihr könnt.

Weißes Bettlaken, Watteflocken.

19 Auch der Weihnachtsmann spielt sehr gern im Schnee. Pustet euch ein Watteböllchen zu.

Watteböllchen.

20 Auf seinem langen Weg braucht der Weihnachtsmann jetzt eine Stärkung. Ihr dürft euch einige Kekse gut schmecken lassen.

Einige Kekse, gemütliche Kuschelecke.

21 Helft mit, ein gemütliches Eckchen zum Feiern zu gestalten. Legt jeder zwei Tannenzweige in die Kuschelecke.

Ein großer Karton mit Tannenzweigen.

22 Es riecht schon nach Weihnachten! Schnuppert einmal an den Dosen.

Filmdosen mit Muskat, Apfelsinenschalen, Anis und Lebkuchengewürz.

23 Zum stimmungsvollen Feiern fehlt uns noch der Kerzenschein. Holt ein Licht und stellt es in die Kuschelecke.

Für jede Familie ein Teelicht auf einem Pappuntersetzer (eventuell Stern o. Ä.).

24 Holt alle übrig gebliebenen Tannenzweige, eure Bastelarbeiten und die restlichen Lichtchen in die Kuschelecke. Wenn alles fertig ist, können wir auf den Weihnachtsmann warten.

Die weihnachtliche Ecke ist festlich geschmückt. Alle Eltern und Kinder versammeln sich zum Vorlesen, Singen und Plätzchen essen und vielleicht, ja vielleicht kommt irgendwann wirklich der Weihnachtsmann zur Tür herein. Ob er Geschenke mitbringt? Ob er mit uns singt und tanzt?

KOPIERVORLAGEN

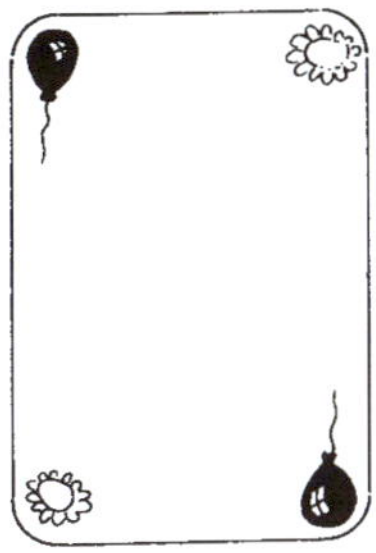

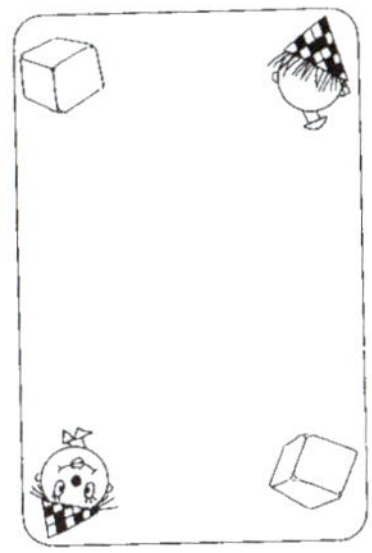

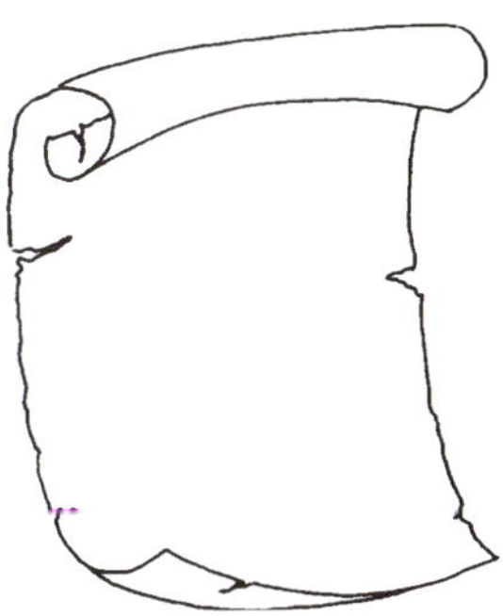

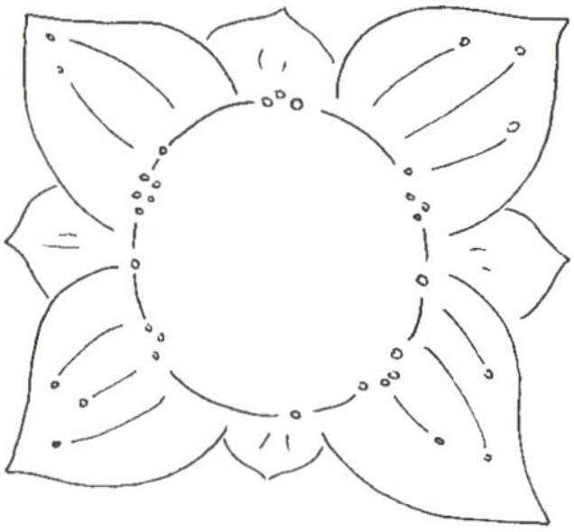

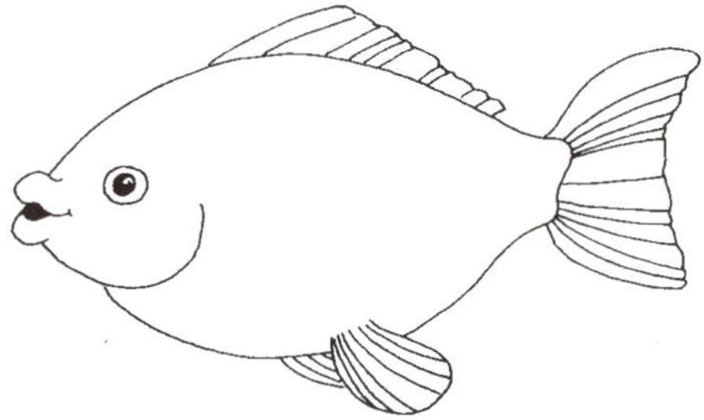

11

A
A
C
B
B
C
D
D
E
E

LITERATUR

Arndt & Singer — *Das ist der Daumen Knudeldick.* Ravensburg 1974.

Decker, Robert — Die motorische Entwicklung des Kindes. In E. HAHN, *Kind und Bewegung.* Schorndorf 1978.

Deutsche Turnerjugend (Hrsg.) — *Eltern-Kind-Turnen, Lehrgangskonzept und Arbeitsmaterialien für die Fortbildung der Übungsleiter im Kinderturnen.* Celle 1987.

Deutscher Turner-Bund (Hrsg.) — *Lehrplanband 6: Kinderturnen.* München 1986.

Lindner & Stein — *Hier bewegt sich was.* Praxisreihe zum Eltern-Kind-Turnen und Kleinkinderturnen. Neumünster 1989.

Lorenz & Stein — *Eltern-Kind-Turnen, Bewegung miteinander erleben.* Celle 1988.

Mertens, Christa — *Körperwahrnehmung und Körpergechick* Dortmund 1986.

Mertens, Christa — *Lernprogramm zur Wahrnehmungsförderung.* Dortmund 1986.

Pausewang, Elfriede — *Die Unzertrennlichen, Band 1, 2 und 3.* München 1985.

Schmidtchen, S. — *Kinderpsychotherapie.* Stuttgart 1989.

Stein, Gisela — *Kleinkinderturnen ganz groß.* Aachen 1994.

Stein, Gisela — *Sing mit mir – spiel mit mir – tanz mit mir.* Bildungswerk des LSB NW, Straelen 1984.

VOGT, URSULA — *Bewegungserziehung im Elementar- und Primarbereich.* Schorndorf 1978.

Zimmer, Renate u. a. — *Tanz-Bewegung-Musik.* Freiburg 1991.

BILDNACHWEIS

Illustrationen: Kathrin Klotzki-Progri, Kreuztal
Titelfoto: Marita Neuser, Wilnsdorf
Umschlaggestaltung: Jens Vogelsang, Aachen